Concerning
The Inner Life
Evelyn Underhill

内なる生

イヴリン・アンダーヒル
金子麻里［訳］

新教出版社

Concerning The Inner Life
by Evelyn Underhill

1926
Methuen Publishing Co. Ltd., London

Japanese Translation
by Mari Kaneko

2017
Shinkyo Shuppansha, Tokyo

目次

凡　例

一、本書は、Evelyn Underhill, *Concerning the Inner Life* の全訳である。
一、原書中の引用には出典が明記されていないが、出典箇所が判明したものは訳注に記した。
一、イタリックで強調されている語には「　」または傍点を付した。
一、神、及び神の属性を表す語には「　」を付し、（　）内に原語を示した。
一、それ以外でも必要と思われる語には「　」を付した。また必要に応じて（　）で原語を示すかまたはルビを振るかした。
一、訳者による補いは〔　〕で示した。
一、聖書の引用は、原則として『聖書　新共同訳』（日本聖書協会）に従った。
一、訳注中、アンダーヒルの著作（原書）に関しては、著作名のみを表記する。出版社、出版年月日等に関しては訳者あとがきの参考文献にて表記している。すでに刊行されている邦訳書に関しては、次のように略した。

『神秘』　『神秘主義』（ナチュラルスピリット社、二〇一六年）
『実践』　『実践する神秘主義』（新教出版社、二〇一五年）

一、訳注にて使用した以下の辞典類に関しては次のように略した。

新カト　『新カトリック大事典』（研究社）
岩波キ　『岩波キリスト教辞典』（岩波書店）
キリ人　『キリスト教人名辞典』（日本基督教団出版局）

序

この小さな書にある三つの講話は、北イングランドのある神学校で行われたものでしたが、その聴衆のうち何人かの方々から要望があり、こうして出版されることになりました。いくらか加筆（特に、第二講話に）を施していますが、その三つの講話の本来の特徴――講演というよりも、打ち解けた、形式ばらない談話としての特徴は、そのままに残してあります。

本書では、霊的な生活におけるさまざまな問題の中でも、多忙極める教区の聖職者にとっての需要、困難さ、義務について特に配慮して考察されています。しかし、こうした問題の多くは、宗教について概念世界から経験世界へと関心が移りつつある人たち皆にとって、本質的には同じです。ですから、聖職者ではない方々も、この書に自らの状況についての何かしらの意味を見いだし、素人《アマチュア》の私の努力にも、寛大なる同情と忍耐をもちつつ――最初の講演でこの内容に耳を傾けてくださった聖職者の方々と同じように――本書を読んでくださることを願っています。

一九二六年　聖霊降臨日

イヴリン・アンダーヒル

「かの方」のうちに、人は一切を知り、一切を見、
「かの方」によって、人は自らの煩雑さ、職業、そして外的な行いを
単純かつ単一のものとすることを学びゆく
自らの行いがいかに偉大で、いかに神聖に見えたとしても、
そのすべてを超えて、そのすべてを貫き、仰ぎ見つつ

ゲルラク・ペテルセン(1)

グウェンドレン・プランケット・グリーンへ

第一講　個人的宗教の中心

一般的に「内なる生」[2]として知られていることに極めて密接に関わる問題について、私たちはこれから講話の中で幾つか考えていきたいと思います。そしてこの最初の講話は、「内なる生」について、特に、教会教区の牧師や宗教に従事する職にある人びとの必要に応じじつつ考えていきます。「内なる生」という言葉は、個々の魂の神との関係を決定づける、あらゆる事柄を意味しなければなりません。すなわちそれは、霊的感覚を深め、拡充することであり、実際にはそれが、個人の宗教(personal religion)の核心だということです。ひとりの普通の信徒として、こうして皆さまの前で、このような問題について語ることに、私はとても気おくれしています。というのも、こうした問題は、やはり聖職にある方々に特有な、専門性を要する関心事であるからです。実際のところ、私はこうした事柄について大変興味を持ち、思索する余裕がいくらかあったというだけのことで、私が達した、ある結論を用立てていただくように語るに過ぎません。もしその多くのことが、すでにご存じのことであるならば――おそらくそうに違いないのですが――どうかお許しください。

ではまず、明白な事実から始めましょう。職業的に、宗教の真理を教え体現し、神の知識を広め、他の魂に寄り添うことに関わる者として、自らの個人的な霊的生活の問題こそが、皆さんにとって最も突出した重要な重みをもつという事実です。実際のところ、その問題は、他のいかなる類のキリスト教徒よりも、より切実に、より直接的に皆さんに関わってきます。宗教の伝道者としてまず何よりも必要なことは、自身の内なる生活が健全に保たれ、自らの神とのふれあいが堅実で、真実であるべきだということです。しかし、まさに宗教の伝道者であるがゆえに、つまり、絶えず外的活動に没頭させられているがゆえに、自らの霊的生活を培い養うことは、皆さんが働きかけ、導いてる人びとよりもはるかに難しいことです。その目的のために自由にできる時間は限られており、残りの時間はすべて、多かれ少なかれ、往々にして非常に切迫した類の宗教的かつ慈善的な外的活動で占められているのです。皆さんの霊的な力は常に奪い取られており、皆さんはそれを絶対に修復しなければなりません。私たち自身の霊的生活を熱情ある、はつらつとした真なるものに保とうとするならば、誰にとっても「息抜き」（relief）と「変化」はそれほどに必要である一方で、皆さんの場合には「息抜き」と「変化」はたいてい枯れ果てており、次から次へと形ある宗教的活動を行い、またそれを行う際にはそのそばから絶えず消え失せるのです。

これがもし事実だとすれば、皆さんにとって自分自身の霊的な姿勢や欠乏を明確に見定め、自らの状況に不可欠なものを明確に認識した上で、さらに自由になる時間を可能な限りつくりだす試みは、極めて重要なことになるのではないでしょうか。他の誰よりも宗教に関わる者こそが、ジョージ・フォックス(3)のいう「万物を普遍なる光のうちに見る」わざを学び、それを習慣の水準へと高めていかなければなりません。にもかかわらず、教区で忙殺され追い詰められる聖職者にとって、単に自らが霊的に置かれている位置だけでなく、その霊的な風景ですら——そうした風景の詳細な出来事に関わり、その間ずっと集中することによって——完全に見失うことが、あまりにも頻繁に起きるのです。そのような人たちは森全体を見ることはできません。なぜなら、個々の樹木にあまりに真摯に寄り添っているからです。皆さんにとって森を識別できる感覚を取り戻すことが、自らの献身的な生における第一の責務であり、そのことが、森の各々の樹木に、その樹木のもつあらゆる意味をもたらすのです。

　この目的のために、何か手堅く手短な典礼的体系や、極めて周到に計画された神学的な読書や、いかなる形の夢見がちな敬虔主義も、皆さんにとって有益であるようには思えません。私が思うに、有益であるべきことの根本は、可能な限り明確に、豊かに、深く、「神の輝き」（the Splendour of God）を第一に身に宿すこと《コンセプション》、次にその「輝き」に面する自らの魂を把握すること《コンセプション》、そして最後に神の奉仕にあなたが選ばれたことによって求められる「内奥の生」を理解すること《コンセプション》にあります。[4]「神」――「魂」――「神による魂の選び」。この三つが宗教における根本的な現実《リアリティ》です。もしこの三つの現実が聖職者の心を支配しないとすれば、聖職者が他の人びとの魂のうちに神の業をなし得るといかに考えることができるでしょうか。

「神から選ばれたことによって求められる内奥の生（interior life）」と、私は申しました。なぜなら、その生は、平均的なキリスト教徒の内なる生とは本来的には異なるでしょうし、またそうあるべきだからです。聖職者の魂は――実際にはあらゆる宗教家（religious workers）の魂は――神と他の人びとの魂とに対して、特殊な関係に立っています。宗教者は、自らに特有の霊的問題を抱えています。彼、あるいは彼女は、羊を助ける牧者の一人であって、羊の群の中の一匹ではありません。いかなる天候の時でも、常に最後まで耐え抜き、常に備え、常に奉仕し、常に養い救いたいと熱望していなければなりません。休む間なく、辛抱強く、慈しみをもって配慮すること。疲労困憊、苦しみ、危険を意としない忍耐。こうしたすべてのものが絶えず求められるのです。そして、宗教者は、そうした要求に応じる適切な形で、自らの栄養、自らの宗教的な意味での健全さと柔軟性を維持しなければなりません。そのように自らの生を深めることで、宗教者は他の人びとの生を深めることができるのです。クレルヴォーの聖ベルナルドゥス[5]の印象的な言葉によれば、もし真に自らの職務をすべて全うしようとするならば、その人は「運河」ではなく、「貯水池」でなければなりません。

　さて宗教者がこうしたことすべてをなしうる道はただ一つしかなく、それは、その人自身が神を感受する感覚を豊かにすることによるのです。そして、この神的感覚を豊かにすることこそ、現代のキリスト教に痛ましいほどに欠如している点です。浅薄な宗教性、すなわち、実践的キリスト教と誤って称されている煌びやかな倫理的敬虔や、善良に明るく装われた「この世」的な信仰で満足するような傾向が、現代における制度的宗教の主な欠陥の一つであるように私には思えます。私たちは、意識してか無意識にか、その眼を神性（Deity）よりもむしろ人間性（humanity）に向けている宗教心を目指し漂っています。つまり、もっぱら声高に奉仕を重んじ、神を畏れることにほとんど重きを置かないのです。そのような宗教心は、実際にはあまり持ちこたえることのない型の宗教です。それは、人生の苦痛や神秘が極めて深刻に感じられる厳かなときに、魂に対してほとんど為すことが何もありません。タウラーが「神のうちに苦しむこと」[6]と呼んだ、あの深奥な経験の余地を、そうした宗教は与えてくれません。それは聖性へと導いてもくれません。しかし結局のところ、その「聖性」が宗教の目指す目的地なのです。浅薄な宗教は、他の人びとの魂を神に導くという厳粛な特権につりあう目標として聖性を受け容れる者にはふさわしくありません。そして、人びとの魂を神へと導くことは、聖職者の生きる目的ではないでしょうか。実際のところ、浅薄な宗教はキリスト教が人類に与えた最も深奥な賜物に背を向けることになるのです。現在、この浅薄な社会的な型の宗教に向かって、時代の一つの風潮があることを私たちは否定できないと思います。それを食い止めうる唯一の道は、聖職者自身が祈る人となり、すでに自ら身を捧げている言葉に尽くせぬ神の実在を、ますます深く、ますます謙虚に、直に知ることであり、またその限りにおいてのみ可能となる道のことです。したがって「真に祈る人」となり、祈る人であり続けることが、教区の聖職者にとって第一の義務であると私には思えます。

では、「真に祈る人」とはいかなる人たちのことでしょうか。「祈る人」とは、神と他の人びととの交わりが、あらゆる点において神ご自身によってつかさどられ、駆り立てられるべく、そのことを決意して望み、そしてそのことを断固として求める人です。さらに、自らの自然的な環境よりも超自然的な環境の方が自分にとってより現実的で堅実なものと感じるまでに霊的感覚（spiritual sense）を発達させ、育んできた人です。「祈る人」とは、祈禱文を唱え、細々とした執り成しの祈願を捧げる人のことでは必ずしもありません。その人は神の子であり、自らが自身の魂の深みにおいて神と共にあり、共にあることを識《し》っており、自らの祈りと働きにおいて「神の創造的霊」（the Creative Spirit）によって全面的に完全に導かれているのです。このことは、単なる一片の敬虔的な言葉ではありません。これは、唯一の真なる使徒的生について、私がなしうる限りの現実的かつ具体的な説明なのです。キリスト者は皆、その始まりに使徒的に生きる機会を与えられて一歩を踏み出しますが、そうした生を発展させる人はほとんどいません。信徒たちは一瞬にして、真に使徒的生を生きる聖職者とそうでない聖職者とを識別します。神と他の人びとの魂に対して、そうした霊的な気質と姿勢とを得ること以上に重要なことは何一つないのです。

思うに、キリスト者として私たちは、超自然的世界の優越性、すなわち神の「創造的霊」の現臨、その目に見える顕現のうちに働くことへの信仰に献身するのではないでしょうか。聖職者とは、自らが派遣された教区にとって、かの超自然的な世界への主要な「つながり」、神が魂へと働く主要な「水路」であり、またそうあるべきです。これらの教区にとって、より真剣な霊的生への希望の中心に置かれ、そしてその目的のために神が信頼を寄せているのが、聖職者である皆さんなのです。そのことをおもうとき、慙愧の念に堪えないのではないでしょうか。同じように用いられている平信徒ですら、それは打ちのめされるような経験だとわかります。そしてこのことから、自らの職業（vocation）が示すべき深い謙虚さと畏敬の感覚、すなわち、自らの働き（work）に必要とされる、聖霊の切迫にたゆまず繊細に応じる感受性を養う糸口が与えられるのです。

こうして私たちは、生きること（life）を通じ、命（life）を通して、動いているのです。つまり、継続しかつ変化する世界に没頭し、自らの職業に伴う一連のささやかな責務や関心事に絶えず奔走させられているにもかかわらず、永遠という厳かな地平に囲まれ、その不可視な諸々の力によって生気づけられているのです。そして、特に皆さんは聖職者であるがゆえに、他の人びとの場合よりもなお一層、この変転する世界を通して行動する際に自らが行い、感じ、考えることのすべてが、遭遇するすべての人びとの魂に誰よりもなお一層の影響を与え、また人びととの「変わることなき真実なる神」（unchanging Real）との関係をなお一層決定づけることになります。皆さんを通して、人は霊的生活というものに惹きつけられるかもしれませんし、嫌悪するかもしれません。皆さんは、人びとの変わりやすい魂に対して、また、変わることなき神に対して、こうした二重の関係に置かれているのです。あなたがいかなる人物であり、神との関係がいかなるものであるか。そのことが、あなたが訪ね、説教し、共に祈り、そして聖餐を授ける人びとすべてに影響を与えるべきであり、また与えることになるでしょう。というのも、そのことが、教会に参列する人びとにとって「霊的経験である礼拝」と、「慣れきった言葉が形式的に並べられた礼拝」との間に違いを生み出すからです。そうして私たち信徒は、「愛と奉仕と共に支えられている教会」と、「そうでない教会」との違いを即座に知ります。またこの違いによって、私たちは教会の聖職者たちがいかなる人物かを知ります。そして皆さんがいかなる人物であるかは、ご自身の祈りによる密やかな生活によるものです。つまり、「神の実在」（the Reality of God）にしっかりと向いているか。それが問われるのです。皆さんは二つの大きな戒め〔全身全霊を尽くして神を愛すること、自分を愛するように隣人を愛すること〕を十分に実行すべく召されていますが、最初の掟によって完全に支配されていない限り、第二の戒めを正しく実行することは望み得ません。そして、それが可能か否かは、自らの密やかな内なる生の質によって決まります。

さて、私が意味するその「内なる生の質」とは、過酷な集中や緊張によって特徴づけられるようなものではありません。むしろ、聖人たちの中でも、最も愛情深い人びとのうちに見出されるような、謙虚で穏やかな献身のことをいうのです。またそれは、感染力のあるキリスト教徒を生み出す質を意味します。つまり、皆さんから人びとに、神の愛が「うつる」(catch) ようにさせる質です。なぜなら、皆さんが神の愛に感染しているならば、つまり、皆さん自身がその愛、歓喜、平安を、そしてその聖別された生の究極の喜びを感じているならば――教会におけるる礼拝のあらゆる儀式的行為が、皆さんの魂からの自由かつ自発的な賛美に満たされるほどまでに感じているならば、人びとはその神の愛をもらわずにはいられないからです。そうした皆さんの「内なる生の質」こそが、人びとを捕えるのです。それは、口にされる最も単純な祈禱、最もありふれた聖歌、極めて複雑な儀式的行為を、超自然的な真理と同じ水準にまで高めます。宗教という信任状をたずさえ近づいてくる人物に人びとが見て感じたいことは、この「質」、すなわち、真のキリスト者の生を輝かす、その歓喜、その穏やかさ、そして困難かつ単調な務めと苦しみの、そうした変容にあります。これ以上のものを人に与えることはできないのではないでしょうか。なぜならそれは、今ここにおける真の贖いを意味するからです。すなわち、私たちの魂の葛藤、不安、抵抗、不正義への感覚――その一切の癒しを意味するからです。

虐げられ、歪められ、酷使されている魂に満ちた世界へと、皆さんは遣わされていきます。そして今日では、そうした人びとをよりよく助けるためには、心理学を学ぶべきだと言われることもあります。ここでいう心理学とは、通常、病理心理学を指します。心理学が聖職者にとって極めて重要な知識を与え、多くの悲惨な過ちから人びとを救うかもしれないことを私は否定しません。しかしやはり、その時間と労力を、自らの神への愛を深め増すことに費やすことの方が、結局のところ皆さんが出会う人びとにとって、はるかにより実践的でより有効であると私は思います。というのも、私たちが神について個人的な発見をするのは、神への「崇敬」（adoration）と「集中」（attention）によってのみだからです。神と神への自己放棄における歓喜と喜びを皆さん自身が知らない限り、それをひどく必要としている人びとに対して、いかに示すことができるでしょうか。とはいえ、そのように集中力を特別に鍛え養うことには、時間と忍耐と努力とが必要とされます。それは、芸術家たちが自然の美の実感と歓喜とに深く没入し、それらを自らの作品のうちに具現しようとするのと同じことです。そうした宗教の偉大なる事実と輝きを、皆さんはいかなる眼差しをもって見るのでしょうか。芸術家の眼をもってか、恋する者の眼をもってか。あるいは、実業家の眼をもってか、街頭に立つ人の眼をもってか。驚きと神秘へのあなたの感覚は、鋭く、深くあるのでしょうか。そうした驚きと神秘の感覚、すなわち、神のうちにあるいきいきとした喜びは、もちろん、神学的用語でいえば「恩寵」のひとつです。恵みとは、自然の状態の人間に付加され、授けられた何かです。しかし、他のすべての神の恵みと同様に、私たちがそれをいかに受け取るかは、いかに私たちが意志と願望を用い、いかに私たちの精神と感情が神に開き素直であるかによるところが極めて大きいのです。恵みは私たちに強いられるものでは決してありません。そして、私たちは、自らの祈りの質のうちに、その祈りを通して、自らの意志と願望とを示し、自らを素直に保つのです。ジェレミー・テイラー(7)が述べた、「祈りは、鳥の体に過ぎない。願望こそが、その翼である」という言葉を皆さんはご存じでしょう。

この言葉の真意は、聖職者の密やかな祈りは、観想的な色彩を帯びなければならないということにあります。つまり、祈りの主な機能の一つは、神を感受する感覚と願望とを養い発展させることにあるべきだということです。その域に到達しうる幾つかの方法については、のちに触れたいと思います。

ここではただ、実り豊かな内的生の中心的特質として、この超自然的な力へと私たちが定められていることを、しっかりと念頭に置くことにしましょう。英国の神秘家ウォルター・ヒルトン[8]は、「エルサレムの都」、すなわち神の愛の都は、「人の業（work）の完成と、少しばかりの観想とによって」建てられると語りました。[9]そして私が言う「観想的な祈り」とは、常軌を逸した活動や経験でもなく、ましてや計画的で人為的な受動性でもありません。私はただ、神からのいかなる恵みのためでもなく、神に向けて、神ご自身のうちに、神ご自身のために祈ることを言っているのです。そして、ますます深く、神のみにおいて「憩う」ような祈りを、私は意味しているのです。つまり、あの溌剌とした聖パウロが「根ざし」「しっかりと立つ」（エフェソ三・一七）と記したことに他なりません。こうした言葉を読むとき、私はいつも森林の一本の木を想います。まず、その木が外に向かって輝きを見せ、亭亭《ていてい》と成長していく木立、その芽が育ち、枝となり広がり、豊かな実を結ぶさまが思い浮かびます。次に、おそらく目には見えなくとも、その長さと大きさにおいては木立よりも成長の著しい根の全体が思い浮かびます。扇のごとくその繊毛を広げ、黙々と養分を吸うその根の力。そうした奥深い密やかな生命の上に、その樹木の成長と安定のすべてが基づいています。それは、隠された世界に根ざし、しっかりと立っているのです。

おそらくそうした光景を心に浮かべ、パウロは信者や仲間たちのための祈りの中でこのことを語ったのだと、私は思います。つまり、彼または彼女たちが「広さ、長さ、高さ、深さ」――それは、神学では到達しえない理解の輝きですが――を知ることができ、「神の満ちあふれる豊かさのすべてに満たされる」(10)ようにと。換言するならば、自らの霊的な精力《エネルギー》を、直にその超自然的な源泉から汲むということです。ご存じのように、クレルヴォーの聖ベルナルドゥスはこのことを「業務の中の業務」(11)と呼びました。なぜならこのことが残りの一切のことを制するからであり、その残りの一切を意味づけ、すなわち、私たちの実在とのつながりを永遠に新たにするからです。私たちの信仰生活は、自らの「魂の根底」(12)として、そのように神に依り頼むという習慣を形作るようなものであるべきではないでしょうか。またそのことを目指して、私たちの精神的働き、感情、想像力、意志、思考の全体が、信仰生活によって育まれていくべきではないでしょうか。

聖イグナチオ・ロヨラは、あの偉大なる『霊躁』のすべてを、「人間は、主《しゅ》なる神を賛美し、敬い、仕えるために、創造された」(13)という一つの根本的な真理に基礎づけています。この言葉を耳にすれば、もっともらしく聞こえ、実際のところ、ほとんど分かりきったことだと誰もが思われるでしょう。多くの宗教的な辞句と同じように、この言葉はほとんど顧みられることなく抜け落ちてゆくのです。しかし、私たちがこの言葉を前にしっかりと立ち止まり目に留め、特に偉大な聖人であり心理学者であるロヨラの用いたこれらの言葉の選び抜かれた「順序」に傾注するならば、その言葉は何を意味するでしょうか。それは、人間の第一の義務は、神を「崇敬すること」だということです。そして、第二の義務は、神を「畏れること」であり、そして、ようやく第三の義務として「奉仕」(service)があるということです。さらに、皆さんと私、そしてこの地球の表面に生存する他の無数の人類全体が、ただ神に向かって捧げられるべき、この三つの事柄のために創造されたのであり、他のいかなることのためでもないということ。それが、聖イグナチオの言葉の真意なのです。

次に目に止まるのは、私たちが創造された目的であるその三つの事柄のうち、二つは態度と関係の問題だという点です。すなわち、神への「崇敬」と「畏怖」です。この二つの事柄が正しくない限り、三つのうちの最後の事柄である「奉仕」は正しくはあり得ません。皆さんの聖職者としての生全体が、神への「賛美と崇敬の動き」でなければ、そして神への「畏敬」を伴わないのであれば、その生が生み出す「働き」(work)は、あまり良きものとはならないでしょう。そしてもしこのことが真理であるならば、キリスト教の啓示、すなわち、人びとの魂のうちにキリストによって成される働きの主な目的は、神の栄光を促し、私たちの行為を通して神の「実在」をますます十分に明らかに輝かせることにもあるのです。すなわち、神へと広く開き、愛に満ちた無私なる崇敬を増し加え、被造物としての神への畏怖の深め、奉仕へとより専念すること。こうしたことは皆さんが周囲の人びとに対して与えうる前に、すべて皆さんのうちに起こるべきではないでしょうか。皆さんは、聖イグナチオの偉大なるもう一つの言葉である「我は神より来たり、我は神に属し、我は神のために定められたり！」(14)という真理を文字どおりに体現し、人びとに示さなければなりません。

ですから、このことは、個人の信仰生活を計画立てる際に、最初に考慮に入れるべきだと思います。つまり、神への集中があなたにとって第一の宗教的な活動であるべきことを意味するのですが、それは、他のいかなる宗教的活動も神への集中なくしてすべて価値を失うという厳密に実践的な理由によるのです。また、宗教の従事者の生の価値は、それがいかに「神的光明」（the Divine Light）のうちに浸されているかにほぼすべてかかっています。これが、あらゆる宗教的生や宗教的思想の第一の条件であり、そしておそらく大部分の現代のキリスト教徒が、最も心に留めていない事柄かもしれません。

しかも、絶えず動きまわり、ひっきりなしに教区の無数の雑事に悩まされ、既存の形式を果てしなく繰り返すことに潜む「単調さ」と「霊的死滅」（spiritual deadness）という危険にも晒されている皆さんにとって、生命を支える不変なる「永遠」（the

Eternity）へと立ち戻る習慣を早い段階で形成し、規則正しく培うことが、どれほど必要でしょうか。皆さんの献身的で弛まぬ様々な活動のすべての究極の目的は、自らが働きかけ、共に働く人びとの生に、かの「永遠」のもつ不変なる質の何かしらをもたらすことにあります。皆さんが特殊な資質と訓練とをもってこのことに力を尽くさないのであれば、他の何人たりともそれを行うことは到底ないでしょう。それを成すための皆さんの力は、その「永遠」へと立ち戻る習慣を我がものとすることによるのです。晩禱の聖務日課の終わりにしばしば唱えられる美しい祈りに、この変幻する世に疲れた者たちが「永遠者の不変性」（the Eternal Changelessness）のうちに憩うことを願うものがあります。私たちにとって、こうした祈りは単なる言葉でしかないのでしょうか。それとも、明確な事実を体現するものでしょうか。その問いに対する自分の答えによって、私たちは自らの内なる生の健全さをほぼ試すことができます。聖人たち、聖人たちに次いで神を愛する者たちの手による著作は、「永遠」を受容する感覚が生き生きとした事実として人間の魂の生に実に深く統合され、「習慣」の水準にまで到達しうることを、私たちに繰り返し示しています。もし皆さんがその使命を完全に全うしようとするならば、少なくともこの「習慣」の水準にまで達していなければなりません。なぜならその使命は、究極的には、人びとの魂に神の永遠的実在をもたらすこと、そしてそれにより、この世界に対する「聖霊」の不断の救済の働きへと参与することにあるからです。

聖職者は、「超自然なるもの」（the supernatural）の媒介者であり、またそうあるべきです。私たち普通の人間は、いたずらにあくせくして毎日の雑事を切り抜けようとしながら、日々のあらゆる要求、機会、義務にそれなりに首尾よく対応していきます。私たちは尽きることのない出来事にとらわれ、たいていの場合は自らを囲む神秘を見落としているのです。そして自らが理解し得るいかなるものをも超えていながら、常に密接に私たちを決定づけている、満ち溢れんばかりの霊的な実在と力とを失念しているのです。しかし、皆さんは、それを忘れるわけにはいきません。というのも、皆さんの超自然的身分は、皆さんに委ねられているすべての魂にとって極めて重大な問題であり、これから皆さんが他の魂を引き受ける上でも重要な要因となるからです。そして、そうした超自然的身分を帯びる感覚を養う助けとなる主な事がらの一つは、宗教の偉大な中心的諸真理をしっかりと眼前に掲げることにあります。すなわち、そうした諸真理の実現に向けて自らを訓練し、それらの癒しと浄化の力へと絶えず依り頼む習慣を形づくるということです。

したがって、聖職者あるいは宗教家における力強く実り多い「内的生の始まり」は、以上に述べてきたことの実現によると私は思います。そのためには、重大な真理――豊潤に活きつつ、無限なる不動の「神」は、霊的蒼空に輝きながらも、事象世界に親密に現臨し、生命のあらゆる相貌を形づくり、条件づけているという真実[15]――を単に受け入れるのではなく、十分に直接的に感知することが必要です。聖職者にとって宗教は、もしそれが力を与え、確かさを伝えるものであるとすれば、最初から最後まで神が中心の宗教でなければなりません。そして、「〈自分が〉主体としての感情・渇望・欲求」、あるいは自らが働き関わる人びととの「感情・渇望・欲求」ではなく、「〈自分にとって〉愛する客体である神の力と臨在」(objective Power and Presence)に基づいた献身的な修練や営みによって培われるべきです。そうした神の完全なる「独立性」(independence)と「贈与性」(given-ness)とが皆さんの出発点となるならば、[16]生の理解全体に変化がもたらされるでしょう。つまり、単に活動的奉仕を過剰に重要視する結果、そのような生に伴う些細な雑事についてしきりに騒ぎ立てることはなくなる、ということです。

このように神の「実在《リアリティ》」（the Reality of God）にすべての重きをおく「霊的姿勢」、すなわち、絶えず神に向かい、神のうちに自らを放棄し、最も切迫した仕事や実際の問題の数々によって、たとえ失敗や罪によってでさえも神への集中を妨げるものとしないこと。これこそが、「霊的な働き」の安全な基礎であると私はますます強く確信しています。これのみが私たちの活動に介在する「神秘への畏怖と崇敬の感覚」を保つことを可能にしますが、私たち自身がそうした神秘を理解できるのは、いかに最善であっても、極めて僅かです。それでいながら、そうした神の計り知れない大きさと私たちの微小さ、そして我々が実際に知り感じていることの驚異を、私たちは考えるに至るのです。

一八世紀の偉大な女性のひとりであるマザー・ジャネット・スチュアート(17)は、修道女たちに次のように言うのを常としていました。「神についての栄光に満ちた思い(thoughts)を熟考しなさい。それから平安な心《マインド》をもって静かに行動しなさい」と。そして、神についての私たちの思いがより高まりより広がるにつれて、身近な細かな仕事に打ちこむ際の静けさと確かさがより深まるであろうことは間違いなく事実です。それは論争的な考えではなく、無味乾燥な学術的な思考でもなく、偏狭な紋切り型の思想でもなく、むやみに理屈にとらわれる思弁でもありません。これらのものはすべて、私たちの魂に拡張をもたらす代わりに、かえって萎縮をもたらします。そして私たちは皆、その拡張か萎縮かを感じる内的な感覚が、自らの霊的な状態を知るための間違うことのない試金石となることを知っています。しかし、私が言おうとしているのは、「現臨」しながらも「聖なる」一なる神(a Reality and Holiness)への、恐れと歓喜に満ちた信念です。私たちはそれを概念化できませんが、それが神の愛です。「現臨」する神は、最も素朴な形や出来事のうちに、そうした形や出来事を通して自らを注ぎこみ、そして最も親しみ深い象徴の下に自らを知らしめます。私たちのうちに、私たちとともに完全に現臨し、私たちの人生のあらゆる瞬間に私たちを決定づけるのがその神です。このような黙想が、「永遠」なる神に向かって窓を開かせ、信仰生活に蛾やサビのごとく伴う無害に見えて有害で偽善的な停滞から私たちを守るのです。

「内なる生」とは、こうしたことすべてに、ますます深く覚醒していくことを意味します。「神的生命」と「神の霊」(a Life and a Spirit)が私たちのうちにあって、私たちの生命と霊とを無限に凌駕していること、そしてあらゆる時、あらゆる形で、私たちの生を吸収し、変容させ、超自然的な質を与えてくれることを、徐々に成長しながら具体的に体得するのが「内なる生」の意味なのです。またそれは、神の愛の感覚――私たちを限りなく凌駕し、極めて謙虚な畏怖の態度に絶えずおきながらも、実にいと深く近しく私たちと共にあり、私たちに神に依りすがる信頼と誠実な愛をうながす神への愛の感覚を意味します。私が思うに、このことが、「超越」と「内在」といった神学的術語が祈りの生活に再解釈されたときに私たちにとって意味しうることの内実ではないでしょうか。

そうした一人ひとりによる新たな解釈は、聖職者としての皆さんの働きの実に深く重要な部分です。またそれは、他者の魂の救いのために、自らを聖化し、他者の魂を惹きつけ〔神へと〕勝ち取るにふさわしく自らを備えるという、使徒たちのたどってきた道筋の一部分です。というのも、皆さん自身が神の愛を体得しない限り、人びとを神の愛へと導くことはできないからです。そして皆さんが、人びとを途方に暮れさせるあの「時間と事象の世界」が意味をもつよう助けられるのは、皆さん自身がその「時間と事象の世界」へ「永遠なる霊」をもたらすことができる限りにおいてのみです。まさにそのために聖職者の皆さんがあるのです。つまり、皆さんが羊の群れに与えるように任された「霊的な糧」のためです。人びとの魂が今飢えきっているのは、そうした神の愛、「永遠」のもたらす平安と現臨です。そして、人びとに実際に糧を与える皆さんの力は、神へと向かう自らの隠された生に絶対的にかかっています。

繰り返しになりますが、この世界は騒々しい雑音で充満しています。皆さんは、より良い旋律があることを知っています。しかし、皆さん自身が天上の音楽と共鳴していない限りそれを他の人びとに伝えることはできないでしょう。くどいようですが、それが意味するのは、毎日どこかの時点で丁寧に一心にその音楽へと集中することだと皆さんは知っているはずです。教区の人びとの間にあって働き、礼拝を行い、秘蹟を授け、説教をする、といったことを行う際に、皆さんは絶対的かつ霊的な確かさを他の人びとに身をもってもたらし、分け与えているという確信があるでしょうか。もしそうでないならば、皆さんは自らの責務を真には全うしていないのではないでしょうか。

では、その霊的な確かさを、身をもって人びとに伝えるべきであるならば、自らが霊的に覚醒しているべきなのは明らかです。そして霊的に覚醒しているということは、成長し変化していくことを意味するのであり、一連の体系化された信念や義務のうちに安住することではありません。それは、緊張、争い、そして困難な出来事を、発展へと向けて耐え抜くことを意味するのです。「魂とは、一なる『力』（a Force）または『精力』（an Energy）である」とヒューゲル男爵[18]は語っています。そして「『聖性』（Holiness）とは、『愛』のうちに、神の完全なる『存在』（full Being）のうちに、そして創造的かつ霊的なる神の『人性』（Personality）のうちに、この精力が成長すること」[19]です。個人的な宗教の主な目的の一つは、そうした魂の成長を促すこと、すなわち、魂を思慮ぶかく養い、修練することにあります。私たちがいかに多忙であっても、いかに成熟して有能に見えたとしても、そうした成長は、私たちが真のキリスト教徒である限り続けられなければなりません。聖パウロや聖アウグスティヌスといった最も偉大な指導者たちでさえ、自らの霊的生における緊張を解く余裕は全くありませんでした。彼らは決して停滞しているように見えませんし、決して争いと変化とを恐れてはいませんでした。彼らの魂もまた成長し続ける存在であり、愛、崇敬、創造的な働きをなしうる可能性を備えていたのです。換言するならば、聖性、すなわちキリストという背丈にまで成長を達成しうる可能性を秘めているということです。聖人は一個の人間であって、魂が環境によって、神によって、可能性の極みにまで成長しきったものにすぎません。そして他の人びとよりも、より深くより大きな生を得、より素晴らしく宇宙の神秘と接触を果たしてきた人にすぎません。それは、無限の可能性を備えた生であり、聖人はその限界に達したとは決して思わないのです。

あらゆる代償を払った成長へのそうした願望と意欲、そして十分に発展を遂げた魂を待ち受ける未だ届かぬ素晴らしい可能性へのそうした感覚は、私たち皆にとって重要です。しかし、特に聖職者にとっては確実に重要なのではないでしょうか。宗教を説き人びとの魂を導く者がしっかりと神の知を深め、神を受容する力を増していくべきことは、避けられない必須の義務です。しかしながら、そのように継続して「永遠」へと向かって、当然のこととしてゆるぎなく発展していこうとするキリスト教の従事者が何人いるでしょうか。そうした発展は、他の何よりも、私たちに自らの霊的活力があることを立証するものだと思います。もし私たちがそのように成長していかないのであれば、その欠如の原因は、「祈り」と「苦行」[20]における自身の内的生活の貧しさにあり、それ以外にはありえず、結果としてそうした霊的活力が衰退しているのです。「祈り」と「苦行」は困難な活動です。しかし、そのことに伴うすべては疑いもなく神との交わりと自らの鍛錬へと通じます。両者は、私たちが自然にもっている資質を自らの超自然的な働きへと調和させるための基本的かつ不可分な二つの活動の名称です。そしていかなるキリスト教の従事者も、生きることにおいて、そのような不断の自己放棄と克己から生じる、活気づけられ謙虚にさせられる感化力をもたなければなりません。それには、一途に途切れることのない穏やかな鍛錬が伴います。しかし弟子であることは、鍛錬された生を生きることを意味します。そして自らが弟子でなければ、他の弟子を得ることはおそらくないでしょう。

　かの聖人のごとく純朴なるアルスの司祭[21]は、人びとの魂を回心させることにおいて異常なまでの成功を収めた秘訣を聞かれた時、他者には大いに寛大であると同時に、自らには大いに厳しくあることだと答えたと言います。その処方箋は、未だ価値を失いません。外に向かって温和であり、内に向かって非常に厳しくあることは真のキリスト者の気質ですが、その力は自らの個人的な信仰のために時間を割くことを実行するか否かにすべてかかっています。果敢かつ誠実に求めれば、その力は常に与えられます。そして愛と聖なるもののいかなる高みにも達しえないことはありませんし、他の魂へと働きかける力にも限りはないでしょう。

　こうした事柄が実際に可能であることを私たちに示してくれるのが、聖人たちです。ひとりの人間の魂が他の魂を救い出し一変させることができること、そしてそのために贖う苦しみと痛みとに耐えうることを、彼らは示してくれています。私たちは聖人たちが特別な専門家であることを認めています。しかし聖人たちは、すべてのキリスト者たちが招かれている生涯における専門家なのです。彼らまたは彼女たちは、いわば模範的状態に到達したのであり、軍隊の前衛でもあります。しかし結局のところ、私たちは主隊に加わり行進しています。軍全体が同一の超自然的な目的のためにささげられているのであり、私たちは全体としてその目的を心に描くべきですし、私たち一人ひとりが聖人たちと同じ制服をまとい、同じ恩恵を得、同じ訓練を受け、同じ糧を与えられていることを記憶しておかなければなりません。聖人たちと私たちとの間にある相違は、単に程度の違いであり、質の違いではありません。聖人たちが持っていて私たちが著しく欠いているのは、魂のある一定の成熟と深みであり、それは聖人たち自身のうちに、我を忘れるような愛、歓喜、平安が完全に花開いた結果生じたものです。私たちは、神のひとつの完成された創作、ひとつの真正な作品を、聖人たちのうちに見出します。しかし、聖人たちが発揮する力と美は、人間の側から見れば単純に自らの祈りによる誠実な生活の結果であり、それは様々な程度において、キリスト教の従事者すべてが達することのできるものなのです。ですから、私たちは皆、聖人たちに少しばかりは似ていなければなりませんし、いわば家族のような類似点を持ち、家族としての視点を共有すべきなのです。

仮に、聖人たちにいかに霊的な力を手に入れたかを聞いたとします。彼ら彼女らに答えることができるのは――実際にそう答えた限りにおいて――「愛と祈り」によってということだけです。それは、極めて謙虚で素朴な「愛」、そして崇敬と信頼に満ちあふれた「祈り」です。聖人たちが口にする「愛と祈り」とは、単に心地よい言葉ではなく、強大な力の名であり、人間の人格を字義通り変容させ、そして本来あるべきものへと――この世界において「聖霊」の働く媒介となるべくさらにつくりあげていくことのできる「強大な力」の名なのです。ですから、こうした愛、こうした祈りにおいて自らを鍛錬する時間を人に与え、あるいは自らにもその時間をなんとか割くことは、そのような「力」を発展させていくために絶対に必要であることは明らかです。その本質において、その「力」が与えられるものであることは事実です。しかし、その賜物が十全に自らのものとなるのは、個々の魂による辛抱強く惜しみない努力によってのみです。霊的な向上を図ることは高い代償を伴いますが、その価値ほどには高くはありません。霊的向上は、いかに低く見ても、私たちの多くが緩むに任せてしまっている力・能力を苦心して発展させ、保ち、断固として着実に発揮させていくことを意味します。外に現れる形でないにしても、内における禁欲（an inward asceticism）、すなわち、実際とまではいかないにしても、実質上の神秘主義を意味するのです。

人は神秘主義について、あたかも実践的宗教とは異なるもののように語ります。しかし、現実問題としては、神秘主義はすべての実践的宗教に奥深く激しく脈打つ心臓であり、そこに僅かながらでも触れたことのない人は誰も、人の魂を感化し、神へと勝ち取ることはできません。神秘主義とは何か。それは最も広い意味において、宗教の中心的関心であるこうした「永遠的実在」（eternal realities）と触れるべく「魂が外へと向かうこと」です。そして神秘的生とは、こうした信仰の対象を「生きた現実」へと変える「愛と祈り」によって徹底された生活です。その「愛と祈り」は、神へと向けられた神ご自身のためのものであり、私たちの何らかの利害のためではありません。それゆえに、すべての真なる聖職者の内的生のうちに、何らかの神秘的な要素が確実になければなりません。

私たちの外面的な宗教的活動はすべて――礼拝、聖餐、教会の祈禱、良き奉仕―

—、愛することに貫かれた内向的な生活の表現、あるいは証しです。そのような外面的表現や証しは私たちにとって必要です。なぜなら私たちは純粋な霊的存在ではなく、「実在」の使信を自らの感覚を通して受け取る人間的な存在だからです。しかし、そうした表現や証しの美しさは、内奥からくるものであり、その美をいかに私たちが表現もしくは感知できるかは、私たち自身の内なる状態によります。このことがもっと十分に理解されるようになれば、今日見られるような、善良で熱心な人びとが制度的宗教に向ける敵意の大部分は崩れ去るだろうと私は思っています。このことが真実であることを人びとに示すこと、つまり、人びとが常に訴える死んだ形式を、皆さんの愛によって変質させ、「生命の霊」(the Spirit of Life)を運ぶ聖杯とすることが、聖職者の役割ではないでしょうか。

キリストの幼年時代を記した福音書のひとつに、幼いイエスが、他の子供たちの遊んでいた土くれの雀を拾い、空中に投げたところ、生きた鳥となった物語があります。[22] 伝説として、私たちはこれを不合理なこととみなすかもしれません。しかし霊的な比喩として、それは深遠なる真理を伝えているのです。

第二講　内なる生の目標《ゴール》

これまで私たちは一般的に神のために働く人びとの置かれている超自然的な位置について考えてきました。つまり、神の働き手は霊的資源を全面的かつ直接的に神に依存していることについて、そして「聖霊」のふさわしき媒介・道具となりうるために自身に課せられている「自己聖化」（self-sanctification）の義務について考察しました。さらにそのために徐々たる確実な成長が必要とされていること、その成長には二つの方向性――「深さ」と「広がりゆく愛」――があるべきことも見てきました。神のために働く人びとが召されているのは神を崇敬すること――絶えず深まりゆき、ますます恐れおののきに満ちた真実の崇敬であり、そのことが自身の霊的状態・身分を判断する真の基準となるでしょう。祈りによる完成された生がもたらす結果は「ありふれたものすべてに向けて広がりゆく愛」[23]であると明かしたのは、偉大なる観想家のひとりであるリュースブルクです。しかし、人がそのような「広がり」を獲得し保つことが望めるのは、その人が祈りの生活の「深まり」を達成しうる限りにおいてのみです。ですから次に私たちが触れるのは、この「深まり」を達成しうる「実践的な方法」と、念頭におくべき「実際的な目的」についてです。

現代の宗教家が置かれた状況については、今の時代特有の特徴があります。生活のペースとプレッシャーはあまりに大きく、また組織化された宗教に必要だと想定される細々した事柄があまりに増え続けるがゆえに、全く新しい状況が生じてきたのです。特に教区の聖職者が自らの信仰生活を深めるために時間と魂の静寂とを得ることはかつてないほど困難になっています。しかも、聖職者の使命が真っ先に他の人びとの魂を配慮《ケア》することであるならば、そして「祈りの人」のみが適切に実り多く他の魂を惹きつけ導くことが期待できるならば、霊的世界へと傾注する時間と生活のペースをいかに整えるかということの問題は、皆さん一人ひとりにとって確かに何よりも重要なことです。実にそれは宗教に真剣にたずさわる者なら誰しも直面し解決を迫られる問題です。誰もがそれぞれの置かれた状況に応じて、このことにどれほどの時間を割くことができるかを決めなければなりません。さらに自らの立場で、自らの必要性と性格を考慮に入れつつ、この時間を用いる最善の道が何かを判断しなければなりません。与えられた時間の量とそれを用いる方法は人によって様々でしょう。そして確実に避けるべき最初の問題は、本で読んだことがあるという理由で、あるいは他の誰かに適しているからという理由で、ある一定の型にはまった方法を用いるということです。

　私たちが自らの魂を注意深く見るとき、あるいは自らが接する人びとの魂を入念に観察するとき、神に近づく適性と方法には計り知れない多様さがあると気づくはずです。ある敬虔な書物、ある信仰上の表象《シンボル》や慣習のみが私たちにとって真に意味あるものである一方で、それとは異なるものが他の人びとを惹きつけることも発見するでしょう。私たちの中には制度的な型《タイプ》に属する人もいれば、禁欲的で道徳的な型《タイプ》の人、神秘的な型《タイプ》の人もいます。こうした霊性の大まかな種類や型の中でも、その気質と度合は無限に多種多様です。私たちが見出すべき第一のことは、自らの魂――他の誰でもない、自分自身の魂――に適した実践の方法、そしてその成長の途上にある今の段階に適した方法です。皆さんが見出し発展させていくべきは、自らを存分に捧げる「祈り」であり、なおかつ過度の緊張から自らを酷使することのない「祈り」です。すなわち、神の御前《みまえ》に極めて従順となる「祈り」、そして自らを生き返らせ、しっかりと支え、拡充し、霊的水準と気分に伴う避けがたい動揺を最もよく乗り切ることができるようにしてくれる「祈り」です。しかし非常に深く根強く惹きつけられる「祈り」の方法を用いて、自らが消化できる食物で自らの魂を養うと決断するにあたって、全く異なる祈りの実践法と食事が他の人びとにとって望ましい場合には、柔軟に厭わずその望ましきものを提供し勧めることに意欲的であり続けなければなりません。それのみならず、皆さんは他の人びとのために自らの方法とは異なる様々な方法を可能な限りすべて学ぶよう努力しなければなりません。聖職者とはこの世で最も「信仰の専門家《スペシャリスト》」となるわけにはいかない人たちです。そして、「信仰の専門家」であることを避ける方法は、祈りの大切な目標から目を離さないことです。決して忘れてはならないのは、そうした祈りの目標は「永遠の命」(the Eternal Life) に属する一方で、祈りの形式と手法のすべては例外なく「変転する世界」に属するのであって、どちらも魂の神との交わりを表現し、向上させていくことにおいてのみ価値をもつということです。

では次に、私たちの「内なる生」を条件づけるべき「目的」について見てみましょう。皆さんの場合、この目的は「純粋で単純な観想者になる」ということではありえませんし、そうあってはなりません。その目的はむしろ、行動と奉仕からなる全生活を「観想の精神」で充満させることにあります。キリスト教の聖職者の使命は「祈り」と「奉仕」とで「融合された生」であり、その古典的な型はキリストにおいて見られます。つまりそれは私たちが知りうる人間の生の中でも最も高く、最も困難で、最も完成された生です。それは「注視」(the looking)と「働き」(the working)とが一つとなる生活であり、そうした生活が「意志」、「想像力」、「心」を結集させ、唯一なる目的へと集中させます。私たちは祈りと黙想とに傾注する時に「注視」し、活動的で生産的な時に「働く」のです。そのように生きる形態はもし忠実に守られるならば、それを探求する者の人格をゆっくりと確実に変容させるでしょう。したがって聖職者が密やかに自らの信仰に注ぎ込む時間は常に、自らの霊を養い拡充させ、自身をますます「『永遠なる善』(the Eternal Goodness)にとって、人間にとっての手のように[24]」ならしめることに貢献していると認識されなければなりません。そうした集中的な傾注のひとときは、のちに典礼と牧会の仕事へと溢れ注ぎ込まれていく「霊的な活力《エネルギー》」を結集させるようなものでなければなりません。さらにそれは、のちに皆さんのうちにおいて「神につき従うひたむきさ」（adherence to God）を確立し養うような、より深まりゆく霊的な交わりの時であるべきです。その忠実さは、皆さんが一日の外的な任務を通して伝えうるものであり、礼拝でも指導でも皆さんの牧会者としての職務《ミニストリー》を活気づけ照らすものとなるに違いありません。

特に私が思うのは、こうした密やかな祈りの時間によって、聖職者が典礼的な祈りを執り行う際にますます親密に神に向かうように鍛えられるべきだということです。説教や指導、小説や魅力的な特徴の紹介といったことよりも、皆さんが礼拝の最中に意識することなく神へと没頭することの方が、（皆さんが期待する以上に）多くのことを会衆にもたらします。すなわち、人びとが祈りとは本来いかなるものであるかを理解し実践する助けとなり、宗教的な感性を覚醒させるのです。おそらく会衆は非常に控え目で、皆さんが行う事柄の中で何が自分にとって最も助けになったかを実際に伝えに来てはくれないでしょう。しかし、聖職者の示す神への集中、聖職者のもつ献身的な気質が、最も会衆を助ける事柄の一つであることは疑いようがありません。というのも、多くの人びとにとって聖職者とともに教会で過ごす時間は、祈りが何であるかを実際に目にする唯一の機会だからです。そしてそれは皆さんにとっても祈りとは何かを示す良い機会です。神を真に愛し、神に語りかけるときに真に畏怖と歓喜を感じているひとりの人間の魂を目の当たりにするのは、非常に印象深いことです。ですからそれを実行に移すことは実に牧会的な行為ではないでしょうか。ウィリアム・ペン[25]がジョージ・フォックスについて次のように語ったことを思い出してみましょう。「私が見て感じたことのある最も敬虔で活気ある畏敬に満ちた人の姿は、祈る彼の姿だった」と。これは、超自然的世界へと集中する一個の人間の魂のささやかな生きた描写です。したがって皆さんも人びとを助けるのであれば、孤独な時間の中で外的な宗教的生活をそのように超自然的な質を帯びるものとするための具体的なすべ[26]を手に入れなければなりません。

こうしたことすべてが意味するのは、聖職者にとって苦行[27]の目的（the ascetic aim）は生活すべての統合であるべきで、決して「祈り」を「行為」から切り離すことではなく、ましてや両者を実質的に対立させることでもないということです。そして皆さんが毅然と祈りのために割く時間は、皆さん個人の助けや進歩以上の何かに貢献していると見なされるべきだということです。それこそが皆さんの使徒としての働きの本質的な部分です。人生・生活のあらゆる状況が超自然的価値に穏やかに貫かれていることは、真に説得力をもつ宗教の証です。そしてこの力が得られるのは適切な奉仕活動を増やすことからでも、キリスト教的な政治思想を宣伝することからでもなく、また聖職者らしい心のこもった良き連帯（fellowship）を着実に養うことからでもありません。こうした事柄がどれほど尊いものであっても、その力は必ずや、そしてただひたすら純粋に、幼子のごとく、不断に祈る内的生にのみ由来するのです。

心理学者は、私たちの精神生活の健全さとバランスはその生活における内向と外向との適度な比率だと私たちに説きます。ところが現代の聖職者の生活は大抵かつ必然的に、過剰に外へと向かうべく強いられています。皆さんは数かぎりない雑事と要求に応じるべく集中するように、ひっきりなしに外へと呼び出されます。例えば、幾つものクラブ、スカウト、組合、毎週の集まり、週報や月刊誌、そして教区の網目のごとき管理組織に関する事柄です。そして、皆さんがよほど注意していない限り、こうした状況の結果もたらされるのは、「深みの欠落」、「霊的衰退」であり、それに伴い礼拝のことであれ組織のことであれ外面的な詳細に重要性を持たせ、「社会的・制度的宗教」を「敬虔的な宗教」の代わりとする、一見無害にみえて有害な傾向です。[28]今この傾向は組織化されたキリスト教のあらゆる層に浸透しています。そして、そうした組織化されたキリスト教が当然満たされているべき超自然的力に欠けているのであれば、必然的にそこからの「救済の力」も衰えます。それに対する処方箋は、こうした過剰に多忙な人たちすべての個々の宗教的な生活をより「内奥へと向かうようにすること」(introversion)にあります。過度に多忙な人びとの祈りは、黙想的かつ潜心的であるべきであり、それによって自らの制度的な活動に深みと内面性をもたらすことできるのです。[29]そして――内なる生が熟するに従って――わずかな時間でも即座に黙想を行うことのできるあの極めて貴重な技《アート》を発達させるのに役立つことになります。それは、私たちが神への愛を回復し、堅固なものにする力においては何にも匹敵しない技《アート》となります。それを習得しようと計画立てることとは、いかなる熱烈な類いの敬虔さを意味する必要もありませんし、またそうあるべきではありません。しかしそれは自らの魂を思慮深く養うことを意味し、危険なまでに霊的に疲弊することなく課された一切の要求にも応じうるようになるためのものです。

聖ボナベントゥラ[30]は有名な言葉の中で、「祈る人びと」を三つの主要な型に分けています。第一は、主に祈願に専念する人。第二は、主に思索に専念する人。第三は、祈願と思索を超えて、神との脱自的な交わりへと高まる人。こうした分類は明らかに、願う祈り、探し求める祈り、扉を叩く祈りに関するキリストの三重の約束に基づいています。そしてキリストの約束のように、この三つの分類は、象徴の下に、一つの深遠なる心理学的かつ霊的な真理を――すなわち、魂がもつ有益な願望（desire）の力と範囲とを――表しているのです。ボナベントゥラの見解では、その三つの型すべて――執り成す者、神学者、観想者――を一緒にしたものが、教会における祈りの生を形づくるのに必要だということです。より小さな度合いであらゆる完全なる霊的生活において、こうした各要素がいくらか必要とされているということも真理であると私は思います。つまり、これらの要素は、意志、知性、心に、実際に〔向かうべき〕一なる超自然の対象・目標を与えるのです。何らかの適切な願望と祈願、何らかの知的探求、何らかの功利的でない崇める愛が、〔神から〕私たち一人ひとりに求められているのであり、特に、聖職者の場合はそうでしょう。各々の求められている度合いは魂によって異なります。しかし、このことを十分に理解し、私たちの心意に止めておくことは、自身の祈りの方針を形成していくにあたって確実に有益です。

　祈りの一般的な目的についてはこれで終わるとして、では私たちが祈りの時を確保する方法についてはどうでしょう。十全で健全な宗教的生活には、主に四つの事柄がなくてはならないように思います。そしてこれを念頭に置くことで、私たちは自身の内的な生を、均整のとれた正気なものとする助けとなると思うのです。第一に、私たちは「正しい態度」を獲得し、保つ必要があります。第二に、「正しい霊的な食物」――消化しやすいように加工され干からびた敬虔さではなく、咀嚼することのできる、真に栄養のある食物が必要です。聖アウグスティヌスへの神の声は次のように言います。「私はおとなの食物だ。成長して私を食べられるようになれ」[31]と。第三に、私たちには「成長を促すような教育」、すなわち自らの霊的な力を、より大きく、より役立つように鍛えることが必要です。そして第四に、私たちは何かしら定まった「霊的な働き」を為すべきですし、そうするのが当然なことですし、自らがそれにふさわしくあるように気を配らなければなりません。

さて、こうした四つの必要性には、それぞれ異なる型の祈りが対応します。魂が神へと向かう「正しい態度」は、「純粋な崇敬からの祈り」によって確保され、支えられなければなりません。そうした「霊的成長に必要な糧」は、私たちの「霊的読書」と「黙想」によって得られるのであって、神とのより直接的な形の交わりのみでは得られません。そうした「黙想」はまた「霊的資質の教育」という重要な段階を形づくります。そして「霊的資質」はさらに、私たちそれぞれが取り組むことのできるような「形式的、情緒的、あるいは黙想的な祈り」を用いることによって、ある程度までさらに訓練されます。最後に、そのように祈る魂によって為しうる仕事は、「執り成し」と「贖いとしての自己献身」が為しうるすべての領域に及びます。

では基本として第一に、神へと向かう正しい態度を達成し、それを保つことについて考えなければなりません。つまりそれは神の超越的な実在に貫かれるあの深い畏怖の感覚、そしてあの謙虚に崇める交わり（adoring relation）であり、他のもの一切がそれにかかっているのです。霊的に生きることを真剣に考えるすべての者にとって――中でも宗教に関わる者にとっては特に――この神への「崇敬の祈り」（prayer of adoration）は教育し浄化する力において、他のすべての型の祈りに勝ることは疑いがないと私は感じています。この「崇敬の祈り」だけでも超自然を感知する感覚を強め、執拗な自利心を克服し、自らの霊を開き、神のもたらす感嘆と歓喜の認識・意識を養い、覚醒させることができます。あらゆる完全なる霊的生には明らかに「二つの動き」がなければなりません。その祈りの力は、一方では神へと向けられるべきであり、他方では人間へと向けられるべきです。第一の動きは、魂と神との霊的交わり全体を包容します。つまり、その交わりにおいて私たちは崇敬のうちに「神的実在」（the Divine Reality）へと向かい、自らの魂をいわば「永遠の光」（the Eternal Light）のもとに浸すのです。第二の動きでは、与えられた安らぎとそこから得た力で、自然的世界へと戻ります。そこで私たちは神のために、神と共に、他の人びとのために、霊的な働きを行います。したがって「祈り」とは、人間の内的生の全体と同じく「不可視なるものと可視なるものとの間を行き来する」(32)ものなのです。さてこの二方向の動きは、もちろんすべてのキリスト教徒にとって必要なことではありますが、肝心なのは、祈りの後者の動きは前者の動きが中心にあってこそ適切に行われるということです。魂が世界に向かって安全に外へと踏み出すためには、その前に魂からの神への「見えざる愛」が深められなければなりません。

これが意味するのは、祈りの生活の真なる中心は「神への崇敬」であり、「執り成し」や「贖い」ではないということです。というのも、祈りは「超自然的な活動」以外の何ものでもなく、そのためにはまず「超自然的な目的」へと向けられるべきだからです。また祈りは魂にとっての基本的な法則を気づかせてくれます。つまり、祈りは神から由来し、神に属するものであり、神のために定められているのです。祈りは神に向けて、神ご自身のために、神ご自身のうちに、神を崇める雰囲気において始まり、終わり、包まれなければなりません。天上の光と愛との伝達者として、私たちが究極的に及ぼすことのできる効果は、いかにこの崇敬することに専念するかに直接的にかかっています。そのように崇敬に注がれた祈りにおいて、私たちは「神の遍在する霊」（His ever-present Spirit）を受けるべく大きく戸を開き、自ら謙《へりくだ》り、自らの小さを知るのです。そのように神へと自らを捧げた魂のみが、神が生命へと働きかける神秘体の一部となります。魂の定めとは、神の恵みを受け、運ぶ者となることにあるのです。

それは実践的な仕事ではないでしょうか。キリスト教徒にとっては、それこそが真にただ一つの実践的な仕事です。しかし時おり私たちは恵みを「運ぶ」ことに急ぐあまりに、恵みを「受ける」という本来の義務を忘れることがあります。そして、神が私たちを通して自らを譲り与えること（self-imparting）は、私たちの「崇敬する愛」と「謙虚な受容性」とに直接的に比例しています。私たちが霊的な賜物を他の人びとに差し出しうるのは、自らの魂が一杯に満たされている時のみです。宗教者があまりに頻繁に感じているあの無力感、あの絶望的な霊的疲弊に対する処方箋は、「祈願」によってではなく、「崇敬の祈り」によって支配されている「内なる生」だと私は確信しています。自らに課された諸々の要求が内的な姿勢を深刻に脅かす時、そして飢えと緊張からくる症状を私たちが感じる時、ひとたび立ち止まり、自らの魂と「永遠的実在」（the Eternal Reality）との基本的関係、すなわち自らの霊にとって「故郷」（the Home）、「父」との関係を築き直すべき時であると、私たちには必ず分かります。「私たちの心は、あなたのうちに憩うまで、安らぎを得ることができない」[33]とあるように、私たちが神ご自身の魅力を他の人びとに示すことを望みうるのは、自らの心が神において実際に憩い、穏やかに我を忘れて崇めている時のみです。

そのような「崇敬の祈り」の極みにあって、魂は時間的な生活における争いや混乱から解放されます。取るに足らない論争、些細な心配事、つまらない自慢のすべて――こうした事柄から私たちは誰一人として免れないのですが――は、はるか遠くへと高められます。魂は神のうちへと運ばれ、神のうちに隠されるのです。これが、安らぎと力との基礎である「徹底した自己忘却」（utter self-forgetfulness）へと魂が達することができる唯一の道です。そして私たちが自らの祈りを、はかり知れない自己献身の行為としてではなく、自分や他者のために神から賜物を引き出すための手段として用いる限り、この道は決して自らのものとはなりません。なぜなら崇敬の祈りにおいて、たとえほんの一瞬だけであっても、小さき創造された霊とその「永遠なる源泉」

（the Eternal Source）との基本的な関係を、私たちの小さな魂は取り戻すからです。そして、この関係を得て保つことに費やされる時間は有効に使われていくのです。崇敬の祈りにおいて私たちは「永遠なるもの」の大気を呼吸し、その息遣いのうちに「謙虚さ」と「常識」とは同じ事柄として見出されます。私たちは自らの小ささ、自らの空虚さと同時に、神の偉大さ、神の揺るぎなさとを実感します。そしてそのような実感が、神について人に教えることができると思い込む深刻な霊的危険性《リスク》に立ち向かうべき者にとって、いかに貴重であるかは私たち皆が知っていることです。

さらに、この崇敬の祈りとそれに伴う歓喜に満ちた自己犠牲から、私たちの魂に備わっている他のすべての信心深い気質が最後には湧き出でてくるようです。深い謙虚な痛悔。自らが被造物として不完全で無価値であることへの自覚。私たちに与えられるすべてに対する感謝。他の魂のために自らを捧げることを切望する、燃えいで増しゆく愛《カリタス》。こうしたことすべてが、霊的な活力の兆候です。そして霊的活力は、私たちの魂の神に対する「愛のひたむきさ」にかかっているのです。したがって、奉仕という過酷な生へと召されている者にとって最も大切なのは、「愛と崇敬の祈り」、すなわち「親密さと畏怖に満ちた祈り」を深め、変わらず日々実践することを妨げるものを一切許さないと決断することです。それだけでも魂の活力と安らかさを保ちますし、神に携わる奉仕のために神から離れようとする衝動を食い止めます。毎朝三〇分しか個人的な祈りの時間がないとすれば、その半分の時間をそのように崇敬に費やすと決めることはさほど大変ではないと思います。なぜならそれが神によって人間に求められている務め（service）の核心だからであり、それを怠ることは霊的な深みと力とを大いに欠く原因となるからです。さらに崇敬の祈りは他のいかなる型の祈りよりも、よりいっそう深く活力を与え、安らぎをもたらし、確信を強めます。トマス・ア・ケンピスは言います。「造り主と造られたもの、永遠と時、造られぬ光と点ぜられた光、それを味わう楽しさの相違は大きなものです。そうです、実に大きなものです」と。[34]しかし、これを知っているのは崇敬する愛に訓練された者たちだけです。

皆さんは理性的に次のように言うかもしれません。「これはすべて大変もっともなことだし、一般の宗教的な場ではそのような祈りの美しさと望ましさについて、私たちは皆同じ意見だろう。しかし、絶えずおびただしい外的な務め（duties）へと呼び出され、気を取られてる自分たちをいかにそのような断固とした神中心の態度へと鍛えうるのか」と。ここで祈る生活を十分に維持するために必要とされる更なる要素——その糧と教育——について考えてみなければなりません。もし私たちがこのような交わりの力を発展させ、その交わりへと私たちを招き入れる神の恵みに応じることを望むならば、私たちは自らの魂を注意ぶかく、規則正しく、身につけうるような「神についての崇高な思い」をもって養わなければなりません。そして、その神に捧げた意志の要求に対して従順であるために、移ろう注意力や感情を鍛える必要があります。すなわち、私たちは霊的に健全になるべきであり、健全であり続けるべきなのです。

もちろん私たちは数多くの異なる方法でこうして魂を養い、こうして鍛えることになるでしょう。「実在」(the Reality) の豊かさによって与えられるすべてを体得しようと望みうる人は誰ひとりいません。ですから、崇敬の祈りへと最も深く導かれるのに空間を超えた不動の「神の現臨」(Presence of God) に静かにとどまる気質の人もいれば、キリストを仰ぎ見、あるいは福音書に記されているキリストの言葉と行いを単純な方法で黙想することによって、神との愛に満ちあふれる交わりへと自己喪失する気質の人もいます。また、秘蹟的な生活を通して神への崇敬を最もよく学ぶ人たちもいます。私たちはそうした事柄のすべてを十分には感じることはできません。というのも、私たちのもつ霊的な領域《スパン》はそれほどには広くはないからです。したがって、私たちはこうした「内省的な黙想」や「念祷」[35]といった型の祈りのうちに最も自らの助けとなるものを謙虚かつ単純さをもって実行すべきです。そして静かな時には最も揺らぎなくそうした祈りへと自らが引きつけられることに気づきます。私たちは強制によってではなく糧を得ることによって成長します。そして私たちは消化しうる糧で自らに滋養を与え、他の糧をそれに惹かれる人びとに黙って残しておくことで大抵は満足すべきです。しかしこれを行うにあたって、私たちは最も魅力を感じない型の霊性さえも完全には無視しない方が賢明でしょう。したがって、「永遠かつ無限なる聖霊」（the Eternal and Infinite Spirit）といった概念に強く惹かれるような哲学的傾向のある魂の「自然的な祈り」は、「歴史に働き啓示されたもの」にいくらかとどまり、霊と感覚との「秘蹟を介した統合」がある程度ない限り、あまりに浅薄で、抽象的で、非人間的になりすぎます。そして生まれながらの観想家は、「口禱」あるいは「典礼的な祈り」（vocal or liturgic pryaer）の鍛錬がなければ「静寂主義」（quietism）へとうつろうことになりますし、「キリスト中心的な献身」はその礼拝の対象が「永遠」（Eternity）という地平のうちに見出されないのであれば、深みと畏怖に欠いたものとなるのです。したがって、ひ弱な私たちの魂が糧を得る源泉は豊富にみなぎる全体性にあるという感覚を失わずに、心に留めておくのがよいでしょう。

しかしながら、こうしたすべての異なる型・段階の霊性でも用いられ、習得可能で、心理学的かつ宗教的な効果においても他に比類ない一種の祈りがあります。それはいわゆる「射禱」（prayer of aspiration）であり、すなわち、愛と賛美からの短い文言《フレーズ》を頻繁に心に留めて唱える祈りです。「射禱」は私たちの精神を正しい道へと指し示し、私たちのうちに魂がもつ崇める質を形成し、保つ力を決して失わないようにする助けとなります。「詩篇」、聖アウグスティヌスの『告白』、ケンピスの『キリストに倣いて』は、そのような祈りの宝庫ですし、最も個人的な祈りから最も個人的でない祈りにまで及び、あらゆる気分や必要性にふさわしいものです。またそうした射禱は私たちの霊的な筋力を鍛えてはまた鍛えなおし、山上の最も息苦しい環境にあっても私たちがその大気を深く呼吸できるようにしてくれます。「射禱」の習慣は身に付けるのが困難ですが、ひとたび習得されれば魂にとって生を育むような影響を与えてくれます。アッシジの聖フランシスが次のように毎晩繰り返していたことを考えてみてください。「我が神、我がすべてよ！　あなたはいったい、どのようなお方なのですか……神よ。そして、このわたしはどのような存在なのでしょう」[36]と。創造主なる神を目にした、畏怖と喜びにあふれる被造物からのつつましい叫びではないでしょうか。詩篇の記者による感嘆を考えてみましょう。「地上であなたを愛していなければ、天で誰がわたしを助けてくれようか」（詩篇七三の二五）。こうした言葉にとどまるとき、すべての混乱や退屈な詳細は剥がれ落ち、消えてなくなるのではないでしょうか。そしてこうした言葉は、私たちが祈りにおいて何を語り、何を求めるかではなく、私たちの神へと向かう姿勢・態度こそが最も大切であるという真理へと私たちを立ち戻らせるのではないでしょうか。そのすべては以下のことに集約されます。すなわち、聖職者の個人の信仰は神中心でなければならない。その信仰はかの偉大なベリュル[37]によって据えられた会則にも合致しているべきでしょう。つまり、人にとって神との真の関係はただ「崇敬」と「ひたむきさ」とにあるということ。そして魂のこの二つの心構え《モード》、あるいは態度はその人の内面的生の領域すべてに及び、祈りによって喚起され表現されなければならないという会則です。

私たちの「祈りの生活」をいかに適切に養うかという問いに関しては、もちろん「霊的読書」(spiritual reading)を正しく行うことが含まれます。そして霊的読書は「聖書」もしくは宗教的真理について形式的または形式的でない「黙想」も含むかもしれません。つまり、沈思黙考し、味わい——食べ物を噛み締めるかのごとく——取り込んだものを消化し、そして自らの必要に応じてそれを用いるということです。「霊的読書」とは、祈りを深めようとする者にとっては「祈り」に次いで内的生を支え、または少なくとも支える可能性があります。そうした読書において、私たちは人類の超自然的な秘宝のすべて、すなわち人間が神について発見してきた一切のものへと近づきうるのです。それは聖書に限定すべきではなく、少なくとも列聖《キャノナイズト》された聖人たちと列聖《アンキャノナイズト》されていない聖人たち双方の人生や著作も含むべきでしょう。というのも、宗教においては多種多様な栄養の方が、消化に悪い選り好みをした単調な食事よりもはるかに優るからです。もし正しく行われるならば、そうした読書は真に社会的な行為でもあります。それは私たちに単に情報を与えてくれるだけでなく、交わり《コミュニオン》――キリスト教家族の誇りと栄光である、過去に生きた偉大な魂たちとの真なる交流――をももたらすのです。彼または彼女たちの人生と事業をじっくりと共感しつつ学び、その家族の歴史、その家族間の書簡を読み、その家族の視点を把握しようと努力するうちに、次第に私たちはこの人びとがその業績においては私たちとは異なるにしても、源泉においては私たちと極めて似たものであることを発見します。聖人とは私たちと同じく奉仕へと献身し、まさに極めて似通った困難さに苦しめられた人びとです。しかしながら聖人たちの勝利と洞察は私たちを謙虚にし、罪を自覚させます。そして、私たちがますます愛することを学ぶようになるにつれて、聖人たちは魂と「実在」(Reality)との関係についてますます多くのことを私たちに語ります。例えば、聖アウグスティヌスの『告白』、シエナの聖カタリナの『対話』[38]、タウラーの『説教集』、ゲルラク・ペテルセンの『神との燃え立つ独語録』[39]、ノリッジの聖ジュリアンの『神の愛の啓示』[40]、聖テレサの『自叙伝』[41]、ブラザーローレンスの『小さき書』[42]、フォックス、ウールマン[43]、ウェスレーの『日記』[44]。こうした書物を沈思しつつ穏やかに受容的に読むことで、私たちの社会的かつ霊的な環境は限りなく拡大していきます。それは私たちにとって聖人たちとの交わりが最も直接的に感じられる方法の一つなのです。

私たちは皆、熱心なキリスト教徒の間で生活し親しくなることがどれほど助けになるかを知っています。つまりそうした人びととの接触から私たち自身の人生がどれほどの恩恵をこうむっているか、そして非キリスト教的な雰囲気が主流を占める場で独りもがくことがどれほど大変なことか、私たちには分かっています。聖人たちにおいて、私たちは常に熱心なキリスト教徒の活気ある親しい連帯を見出し、常に不朽の水準に触れます。聖人たちがこの世を去ってから何世紀を経た後でも、各々の影響力は光を放ち、「神の聖霊」（the Spirit of God）が人びとに対して、人びとを通して働く無限なる多種多様な方法について気づかせ、そしてこのことにおける私たち自身の厳粛な責任についても自覚させます。聖人たちは偉大な実験的なキリスト教徒であり、その限りない自己献身ゆえに神についての偉大なる発見を遂げた人たちです。そして聖人たちの人生と著作を読み取るにしたがって、聖人たちはそうした発見から私たちが受容しうる限りのものを私たちに分け与えます。実際に私たちがますます成長するにしたがって、聖人たちはますます多くを語り、読む度に新たに思いもよらない秘密を明かしてくれます。聖人たちの書物は専門家による作品であり、私たちはそこから神と自らの魂についてより多く、より謙虚に知ることができるのです。

さて、聖職者である皆さんが信仰書の書棚から頻繁に用いる書物に、私がたった今触れた書物の少なくとも数冊は含まれているかもしれません。そうした書物が地平を広げる力に匹敵するものはありません。また、霊的書物は私たちの多くが汗水垂らして働くべき霊的な田畑から私たちを連れ去り、山々と海とがあることを思い出させてくれるのです。さらにそうしたことを超えて、私たちの読書は霊的指導の専門的な説明書にも及びます。そこには思慮深い聖人たちの魂が経験したことのすべてが凝縮されています。例えば、『キリストにならいて』、オーガスティン・ベイカー(45)の『聖なる智慧』のような、内的生活の古き良き先達ともいうべき書もありますし、グルー(46)の『霊魂の隠された生』のような書もあります。こうした書物は完結し読み終わることが決してありません。読まれ、読まれ直し、私たちの心・精神の組織そのものに取り込まれなければなりません。そしてついにはキリスト者の霊的な生活に伴うすべてに関する豊かで生気に満ちた感覚――普通の人びとにとって実在の内奥への深遠なる入り口――を造りあげるのです。

もし適切に為されるのであれば、そうした読書は真に祈りの一つの形です。それは霊的な文化や情報を与えてくれるだけでなく、それよりはるかに重要なことですが、「痛恨」も引き起こします。キリスト教の信仰において求められる霊的な熟練や潔い自己犠牲的な資質を沈思するようになると――神の偉大なる創造的な僕《しもべ》たちによってあまりに密やかに辛抱強く達成されてきたものであるがゆえに――私たちの不完全さに対する自らの感覚も必然的に深まります。おそらく非常に肯定的なキリスト教の美徳――愛《カリタス》、忍耐、謙遜――のうちの一つに関する黙想に取り組む最善の方法は、そうした聖人たちの人生での英雄的な行いにおける美徳をまず見ることです。そして、こうした美徳の質について黙想することは常によきことです。なぜなら私たちは自らが目にするものに似ていくというのが精神的な生の法則だからです。事実、私たちは困難や悪しき特性と直接的に苦しみながら闘うことによってではなく、聖人たちの愛、喜び、安らぎを熟視し、自らの意志と願望とを同じように定めることによって最もよく学ぶからです。以上が、今まで勧めてきた類の〔霊的〕読書が「黙想」と「精神的な祈り」への道を築くために用いられうるという手引きの一つであり、私たちはそこから得た教訓を、黙想と祈りにおいて我がものとするのです。

さて、「黙想」（meditation）は精神と魂とを養うだけでなく鍛えます。つまり、多くの責任と義務に悩まされている人びとにとって「黙想」は特に難しい技ですが、霊的な事柄に絶えず傾注するよう徐々に私たちを鍛錬していきます。また「黙想」は散漫な注意力を克服することを助け、私たちのうちほとんどの人にとってあの深い「潜心」（recollection）の状態に至る必須の前触れを形づくっていきます。その「潜心」において魂は神に関する事柄にほとんど苦なく留まります。「黙想」は、秩序ある信仰生活における主要な要素の一つとして一般的かつ正統的に認められています。思うにあえて厭わず「黙想」を学んできた人びとのほとんどが、この沈潜し、愛する心を持って黙考する訓練をじっくりと行うことで実に多くの霊的な糧を得ます。つまり、それはキリストまたは聖人たちの行いと言葉、あるいは宗教の根本的な概念のうちへと入り、そこに留まり、探求し、そして自らの生に用いる訓練です。「黙想」を学び実践する様々な方法についてはここでお話しする必要はないでしょう。というのも、そうした方法はよく知られており、しばしば説明されているからです。霊的な限界まで私たちの主要な精神的気質を鍛え、視覚的な想像力、感情、思考、意志を用いることを求め指導する点において、黙想の様々な方法は互いに似通っています。

しかし、中にはこうした形式的で論証的な黙想を単純に実践できないと感じる人びともいます。実践しようと努力しても全く役に立たない場合です。このような場合、もしその人が怠惰を偽っているのではなく本当に黙想ができないのであれば、神との「より単純で形式のない交わり」へと強く惹かれているという事態を伴うのが一般的です。いわゆる「単純なる心づかい」(simple regard)、「情緒的な祈り」(affective prayer)と時おり呼ばれる、あの愛情あふれる一般化された傾注であり、「何ごとも言わずしてすべてを表白し、何ごとも特定せずにすべてを包容する祈り」として美しく記されてきたものです。こうした傾向が顕著に継続する人はその祈りに従い、自ら努力することは放棄して、自らが惹かれる交わりの形に素直に向かっていくべきだと私は思います。念頭に置くべきは、祈りの世界において私たちが達成するかもしれないことの一切は、人類にもたらされた超自然的な可能性のうちの小さな一つの断片を現実化する私たち特有の方法を表しているに過ぎないこと、そして、特定の魂の「超越」との交わりを、ある一つの制度や定式へと限定する一切の試みは、あらかじめ咎められているということです。

「黙想」や「潜心」に伴う特別な状態を頑固に求めることは、常に失敗に終わります。なぜならそれは、努力が逆に働くという法則どおり、黙想の「超自然的な目標」の代わりに「努力そのもの」に集中するという結果をもたらすからです。とはいえ、誤った義務感から自分の性質に合わないか、もはや成長して合わなくなった祈りの方法を発達させ、あるいは固執すべく自らに強いる人びとを見かけるのは珍しいことではありません。そうした人びとは、沈黙の交わりには形として現れていないものの純粋な崇敬を故意に退け、毎日形式的な黙想を行おうと苦闘します。というのも、それを生活の規範の一部としてきたからです。あるいは、思慮なく束縛され、今では自ら神と触れる自由を制限しているような執り成しや口禱の習慣を必死に保とうと苦闘しているからです。他方で、口に出すことが自然な表現である人たち、そして具体的な表象《イメージ》の支えが必要な人たちが、あるつまらない書物にそう書いてあったばかりに「沈黙へと入る」べく猛烈に努力します。真なる沈黙の祈りは力と美に満ち溢れたものですが、このわざとらしい人為的な受容性ほど、結果として愚かなものはないと私は思います。私たちが自らの魂を養うのは、そうしたからくりによってではありませんし、それは霊的な消化不良を引き起こすだけです。また、誰もが同じ種類の食物によって養われるわけではありません。また、誰もが神によって同じ種類の霊的な活動へと招かれているのでもありません。「自然」の正しい多様性は超自然の生と照応しているのです。最も大切なことは何があなたを養い、たった今、あなたの今現在の成長の段階において、何があなたの霊を最も大きくし調和させるかを発見することにあるのです。

私たちが少々考えてきたのは、次のようなことに個人的な献身の時間を用いる方法についてです。まず自らの正しい態度を固め、自らの魂を養うこと、すなわち、自らの地平線を拡大し、神の豊かさと神秘に関する感覚を深めることです。では、祈りにおける私たちの教育についてはどうでしょうか。この教育は、私たち一人ひとりに切迫しており、そして私たちがこの世に生きる限り決して完全には解放されることのない必須なものです。ここで私たちは、宗教と心理学とがぶつかる、議論の余地ある領域へと来ています。私たちは霊的な生活と霊的な接触のために、自らの肉体的な生活上の問題や必要性に応じるために、そして物質的世界と接触するために進化してきた知的器官を用います。そして、その知的器官は、私たち皆が知っているように、往々にして反抗的であり、調整するのが困難です。私たちは、自らの霊的な願望よりも、自らの感覚的かつ機械的な反応の方と親しんでいます。知的器官は、外界からのあらゆる刺激に容易に反応してしまうという、長年の習慣によって培われた一つの傾向をもっています。そうした器官は、内的な世界へと自らを結集させて、集中し続けるということ、術語を用いるならば、「潜心」（recollection）していることが、生来的に困難です。潜心するためには、私たちは自らの器官にそれを教え、説得をしなければなりません。とは言いながらも、この訓練の側面は決して完全には獲得されません。このことについて私は詳しく述べる必要はないでしょう。というのも、それは敬虔なキリスト者ならば誰しもが知りすぎていることだからです。通常の祈りの一つの大きな役割は、この知的器官の訓練にあり、それは信仰生活において求められる義務のためのものです。

そうした訓練に費やすことのできる非常に限られた時間の多くを、私たち皆が浪費しているということは、個人的な宗教の持つ最も悲惨な様相の一つです。その浪費は二つの主な項目に分類することができます。すなわち、「注意散漫」と「枯渇」です。誰もこの二つを回避することはできませんが、出来うる限り退けることは、私たち皆に関わる重大なことです。「枯渇」については、後ほど触れます。「注意散漫」についてはニつの種類があり、ここでは「根本的」（fundamental）なものと、「機械的」（mechanical）のものと呼ぶことができるでしょう。「根本的な」注意散漫とは、実際の注意力の欠如です。そして注意力に欠けるということは、実に関心の欠如を意味します。私たちは真に鋭敏である時――宝がそこにあるとき、そして心がそこに確かにある時――に散漫になることは滅多にありません。「最初に祈りに行く時には、誰かと一緒に行くこと」という、聖テレサの修道女たちへの助言は、こうした根本的な注意散漫への処方の一つです。もう一つの処方は――これは、外的な心配事や、真の関心事があって、そうした事柄を忘れるのが不可能だと思う人たちには特に適しているのですが――、そうした心配事や関心事そのものを祈る主題にし、そのように格闘するよりも専念することによって散漫さを克服するということです。他方、「機械的」注意散漫とは、「黙想」や「念禱」にある空想の要素と関係しているように思います。そして、こうした思考に元来伴う、完全に集中し続けることの難しさがそこにはあります。機会的な注意散漫に陥ったとしても、深く祈っている魂はその祈りにおいて動じず、その意志と意図は移ろうことがありません。しかし「潜心」は、意識領域を絶えまなく横切る不随意の考えやイメージによって遮られます。これに対する処方は、着実に根気強く、精神を鍛えることにあります。つまり、私たちの献身的なエネルギーが流れ出ることのできる水路を徐々に形成していくのです。

「口禱」（vocal prayer）は正しく用いられるならば、ここでは特に価値あるものです。ご存じのように、「口禱」は神に何かを伝えるものではありません。しかし、そうした祈りは、私たちが神へと近づくことができる心・精神のあの落ち着きを与えてくれます。またそれは、私たちが神を受容できるよう整える方法です。もし、「それは声に出された祈りが自己暗示であるというに等しいのではないか」と誰かに反対されるならば、私は「そうした祈りの極めて多くの部分が、自己暗示である」と答えます。そしてさらに、それゆえに私たちはやる気のない移ろう精神に向かって、そのような献身するという考えを暗示しなければならないと答えるでしょう。「口禱」は神から私たちに与えられてきた一つの手段です。それは常に信心深い人びとによって用いられてきましたし、そのようにためになるものとして常に用いられてきました。ですから単に心理学が新たな醜い名を与えたからといって、それを用いるのを躊躇すべきではありません。型の決まった祈りは実践的な工夫であって、霊的な必需品ではありません。それは私たちに直に暗示を与え、私たちが常に忘れがちになる現実を思い起こさせてくれるのです。さらに私たちにとって差し迫った問題へと注意力を備えさせ、私たちの心的な仕組みを捉え、霊的な目的へと向かわせます。このことは、心理学的な単なる信心とは無関係な意見ではありません。これは、祈りの偉大なる精通者たちの意見なのです。グルー曰く「私たちが神に聞かれるために、形式的な行為――

たとえ純粋に内的な類のものであっても――を頼みとすることは必須ではない。もし私たちが祈りに形式を取り込むならば、それは神のためというよりも、私たちが神の『現存』(Presence)にとどまるためである。か弱い私たちは、そうした行為の助けを必要とするが、それは祈りの本質ではない」と。

この原則さえしっかり理解されているならば、通常の「口禱」がもつ、人工的で機械的だと思われている性質――それに困惑する人たちもいますが――に、私たちが悩まされることはなかったでしょう。口禱は、適切に用いられれば、神の「現存」を継続的に意識するように、徐々に私たちを鍛えてくれるのです。この目的のために特に意味があるのは、すでに触れたように、崇敬のあの実践、もしくは短い行為です。こうした行為の多くは、私たちがそれらの意味にとどまるとき、敬虔の宝石となり、不思議な力となり、観想という偉大なる世界の扉を私たちに開くことができるのです。そして、心・精神に何か把握すべきものを与え、鎮め、そうした行為が暗示する愛、悔い改め、あるいは歓喜を感じるよう促します。さらに散漫する思考を落ち着かせ、そうした行為が描き出す水路へと流れ入るように、私たちの精神的生活を次第に鍛えていきます。そのように作り上げられた習慣は――作り上げられるには時間がかかりますが――多忙な働き手にとって、安心と安らぎの果てなき源となります。

これより先に進んで、私はジェイムズ・ランゲ説[47]として知られていることが、信仰生活と直接的に関連があることに触れてみます。すなわち、私たちの情動は、それに連動させられたジェスチャーと筋肉の動きと非常に密接な関係があり、それらによって喚起さえされるということです。したがって、例えば「膝をつく」ことは、「祈る心構え」にさせる傾向がありますし、他のより複雑な儀式的な行為の多くは――常識人はあまりに容易に退けるのですが――、心理学的に同じ効果があると認められています。かの直観的な心理学者である、聖イグナチオは、周到に準備する人物でしたが、『霊操』を通して行う人びとの身体的な行動に対して、非常に注意深く的確な指示を与えています。例えば、黙想を始める前には、観想者（retreatants）は、その黙想を行うことになっている場から数歩離れて、じっと立ち、そして潜心するように勧められています。つまり、自らの心・精神を神へと高め、これから行うことにキリストが現臨され、傾注されていることを考えるということです。この、主の祈りを唱えるほどの長さの一呼吸の後にのみ、観想者たちは前に進んでもよく、「要求された目的に適した態度を身につける」のです。こうしたことはすべて技巧的に聞こえますが、実際に一週間試せば誰でも、聖イグナチオは人間の心・精神を制御する術をいかによく知っていたかを最終的には認めることになるでしょう。私たちはやはり半分は動物であり、自らの訓練もその条件に適合させるべきであるという慎み深い事実を認めない限り、決して霊的になることはできないのです。

最後に、祈りによるいかなる献身的な生にも常にある、ある要素について少しお話したいと思います。それは、霊的な「枯渇」と「虚しさ」という傾向についてであり、熱心なキリスト教徒皆にとって痛みを伴うものですが、魂と取り組む職業にある人びとにとっては特に悩ましい問題です。実在についての関心と感覚がすべて消えてしまったようなとき、そして宗教の言語が意味なきものとなり、真の意味において祈ることが全くできないときがあります。誰もが健康でないときが時折ありますし、そのような状態にあって、いかに神と他の魂とに仕えることができるかを知ることは、聖職者や宗教者にとって重大な問題の一つです。さて、第一に、そうした荒廃した状態の度合いを減らすことはできます。専門的に言うならば、賢い自己管理です。こうした場合の賢明なる自己療法は明らかに皆さんにとって義務ですし、神の恵みと常識とが示すことは一致するのです。そうした状態は、おおむね心理的なものです。それは、時としては極度の献身的な熱心さからくる反動であり、また時としては魂の内的な蓄えを使い果たしてしまうような厳しい霊的な仕事から生じる反動の有りようです。いずれの場合も、最初の要は、その状況を静かに受け容れることです。悪化させず、心配せず、そしてくよくよと考えず、それについて悔やまない。しかし可能である限り、宗教とは関係のない関心事や気晴らしを求め、「雲が去るまで待つ」ことです。聖職者の多くが、毎週日曜を自分自身の祈りを全くできない疲労困憊した状態で終わります。そのような状態を、ある一人の聖職者は「いま関心の持てる唯一の聖霊の賜物は、熱いお風呂だ」と言っていました。そうした状態は彼の心理的かつ肉体的な限界が来たことによって、取り立てられる代価です。それに対して奮闘し、抵抗することは、事態をさらに悪くすることでしょう。

しかし、それは犠牲へと転換されうる代価です。自分自身が荒廃した状態にある時に、他の魂を助けるために頻繁に呼ばれるということは、宗教者の生活の中で最も痛ましい責務の一つです。宗教者は、動じることなく、他の魂の歓喜と絶望に耳を傾け、惜しみなく自らを捧げ、自らの内的な状態についての一切を決して漏らさずにいなければなりません。そしてこれこそが、遭遇しうるすべての経験の中でも、最も浄める力を持つものの一つです。なぜなら、そうした経験は自己満足のための糧を全く含まず、そのひと自身を完全に神へと依り頼ませるからです。聖職者の献身的な生がその価値を示すのは、何にもまして、そうした不毛で荒廃した時になされた仕事においてなのです。

第三講　観想と創造的な働き

「内なる生」の本質的な特徴を考える際に、私たちは聖イグナチオの「人は主なる神を賛美し、崇め、仕えるために創られた」という文言を用いました。人は自分ではないものであろうとするのではなく、また、手に届かないものを追い求めるのでもない。今ここに、与えられた手段をもって、人間であるというこの定めを完全に成就するために人は創られた。それがこの言葉の意味です。

もし私たちが真にこれを実行するようになるとすれば、つまり、神への賛美と崇敬、神の実在性（His realness）への畏怖に満ちた喜びが真に私たちの内なる生を支配し、さらに霊的人格の内なる発展を決定づけていくならば、確かにその結果は、何らかの「霊的な奉仕」の形で現れなければなりません。人間は部分的に霊的であるがゆえに、そしてすでに霊のもつ創造的な特質の何かしらを帯びているからこそ、自らの喜びと畏怖は「働き」（work）において示されるべきなのです。つまり、霊的な手段によって達成された、「霊的働き」（spiritual work）です。人間の超自然的な生が広がり深まるにしたがって、その生の発揮する超自然的な効果も増していかなければなりません。このことからもたらされるのは、健全な「祈りの生活」に潜在的に含まれる四つの事柄のうち最後の部分です。すなわち、「祈りの生活」は人間の魂を崇敬のうちに保ち、養い、その資質を訓練すべきですが、最後に「創造的な働き」を生み出さなければならない、ということです。(48)

宗教的な人が「霊的な働き」におく第一の明白な価値は、もちろん「執り成し」（intercession）にあります。しかし、「霊的な働き」は――そして確実に聖職者においては特に、そうでなければならないのですが――私たちが思う「執り成し」よりもさらに広い範囲に及びます。霊的な生の健全な発展は二つの動きの間の均衡《バランス》によることに私たちは触れました。つまり、魂の愛と力《エネルギー》の向かう先は、最初に神、次に他の人びとにあります。そして私たちは既にその最初の神へと向かう動きの特徴について熟考してきました。特に、その動きに必要とされる完全なる自己放棄と信頼、そうした神との交わりを養い深め確かなものとすること、さらにそうした交わりのための、その交わりのうちにある魂の教育――つまり、人間の「超自然的な生」の特質とその育成について考えてきたのです。この過程すべての究極的な目的とは何でしょうか。単なる霊的な自己修練のためではないことは確かでしょう。単に自分のためと考えるのは、誰にとっても恐るべきことですし、特に聖職者にとってはそうでしょう。その究極の目的となりうるのは、神にとって魂をより創造的に、より役立ち、より助けとなるものとし、その魂のうちにある霊的な力、偽りない豊かな個性を強めることのみです。実際のところ、魂がますます有能に働くことができるためには、こうしたすべての献身的な活動――単に肉体的、精神的なものだけでなく、霊的な活動も含めたすべて――が霊的群れの羊飼いに求められます。最も偉大な観想者の一人である聖テレサが、「霊的婚姻」の唯一の真なる目的は、単純に「働きを生み出すこと」だと主張したことを覚えていらっしゃるでしょう。彼女にとって「霊的婚姻」という語は、感情的な歓喜だけでなく、完全なる変容、魂と神との創造的一致を意味するのです。

　この状態に達した人間の生について、リュースブルクが『二人のベギンたち』という書で記している素晴らしい章があります。「外の世界へと愛とあわれみのうちに尽くし、内へと向かって単純さと、静寂と、完全なる憩いにとどまる」。(49) それを読むと、これはリュースブルク自身について言われていることを私たちは思い起こします。あの至高なる神秘家である彼が、ブリュッセルの一司祭だったその時期に、彼の「心《マインド》は絶えず神の内へと高められながらも」街の通りへ行き来していたということです。それゆえ、行為、努力、緊張は、そうした「霊的な創造性に生きること」の外的な現れであり実体とされています。それでいながらこうしたことすべては、単純さ、静寂、安らぎにおける内的な不動性によって保たれ養われるべきです。私たちは自らの変わりゆく活動的な生のまさにあらゆる細部を通して「神の永遠と不変」（the Eternal and Unchanging）を運ぶべく召されています。これは、私たちが神に日々密やかに依り頼み集中することとゆえに、またそのことを手段として行われます。この美しく尊い技《アート》を実践しそれに精通することにおいてこそ、私たちはこの現世的な生の内容そのものですらますます変質させ、神化させる（deify）のではないでしょうか。またそれゆえにますます私たちは、「霊的な世界」と「感覚的な世界」とを「結ぶもの」として人間の魂に関わる特殊な働きを行っているのです。

もし私たちがそのような一生の仕事のために宇宙における神的な活動を選び、それに参与するならば、ほぼ同時に超自然的な力《エネルギー》が「私たちに」だけでなく「私たちを通して」及ぶことに気づき始めます。私たちの他の人びととの交わりは変えられているのです。しばしば無意識でありながら私たちの霊は他の人びとの霊に触れ、根本的な変化をもたらします。私たちは自らが祈りのうちに与えられた「超自然的な力」を用い、拡充し、分かち合うことがますます可能であると悟りますが、たいていの場合、これは非常に簡素で目立たない形で起こります。この「力」は自らをあなたのうちに――あなたに委ねられてきた他の魂の必要と特質とを、あなたの覚醒された感覚によって感じとることにおいて――顕現するのです。さらにそれは悪と闘っているときも同じです。その闘いは単なる表現上のものではなくまさにその根源との闘いであり、そのことも皆さんに託されているのです。こうしたことすべては、聖職者として召されていることにおいて非常に特異な形で皆さんと関わってきます。さらにこうしたことすべてを、皆さんは自らの魂のうちに「崇敬に生きる生」が深まるにつれて、ますます実行したいと思わずにはいられなくなるでしょう。そのような生のもたらす効果は、絶えずより広く伝わり、精力的で、自己献身的で、解放をもたらすような類《タイプ》の愛の「覚醒」へと及ぶべく宿命づけられています。

「執り成し」とは、祈りに満ちた大気の中で活動し仕える「愛の行為」です。そしてその愛において実際に私たちは他の魂に触れようとし、その魂を貫き、変化させます。これを為すべきであることは、霊的な生の「神秘的摂理」(the mysterious economy)のうちに語られなくも潜在的に含まれている事実のようです。それは、ささやかながら招かれ成長する途上の魂の側の「弱々しい倣い」であり、その途上において神の「聖霊」が私たちに触れようと働きかけ――密やかに私たちの魂のうちに、同時に外的に出来事と他者という手段によって――私たちをかたどり導くのです。私たちの知るかぎりで「最も偉大なる霊的な人性」(50)が私たちを修正し、私たちに実在を感じさせるべく私たちのために成し遂げたことに思いを馳せるとき、そして、私たちがこのことをどこまでも豊かに重ねゆくとするならば、それは永遠の活ける「聖霊」が人びとのうちに人びとを通して様々に働きかけている「強烈さ」と「神秘」について、何かしらの手がかりを与えてくれます。また私たちを待ち受ける超自然的な働きが――もし私たちがそれを行うのに十分な愛、勇気、謙虚さを持つならば――いかに膨大かについての示唆も与えてくれます。

私たちに課されている義務に関するそうした見解の核心は、神の先行性（the Divine prevenience）という宗教の基本的な真理です。つまり、「超自然」、「神」が自然的な手段を通して男と女を探し求め、そして人間に対して、何よりも人格を通して自己開示したことをそれは意味します。したがって何よりもそれゆえに、神のために、神と共に働くことにおいてこそ人間の魂は育ち、その成長に伴いますますそのような働きを成し遂げたい渇望にかられるのです。ペテロに対して命じられた「行って、羊を養いなさい」という言葉は、ペテロと同様に羊たちにとっても善きものでした。私たちにとって聖人たちは「神への崇敬」と「執り成し」というこの「二重の生」を生きた証人です。それはまた、生産的ながら私利私欲なき極限の愛に伴う、完全なる均整のとれたキリスト教の信仰、変わることなき永遠なる聖霊をこの時間的世界に広め受肉させることを求める信仰の証です。

そのように見ると、「霊的な働き」は極めて高尚すぎるように響きますし、一般のキリスト者の域を超えた一定の力と高潔さが求められているように思われます。しかし、聖テレサは核心をつく際立った直観をもってそのような働きが唯一なされうる「神との一致」の保証は、天上を移ろうような異常な型の経験ではないことを指摘しています。そうした保証は、結局のところ、より深まりゆく低さ、隣人へのより熱烈なる愛、そして、日々の仕事に宿る神聖な質へのより鋭き感覚との結合において見出されなければならない――いわば、私たちのささやかな日々の務めのうちに「神的な完成」（Divine perfection）を吹き込む、ということです。この三つの特質は、以下のことを伴います。第一に、私たちの被造物としての身分の自覚、すなわち、平安の唯一の源泉である、あの従順で幼子のような信頼。次に、人生のあらゆる関係を甘美にし「愛らしからぬものを愛し愛すべきものたらしめる」[51]完全で等しき愛《カリタス》。最後に、あの限りないひたむきさ、徹底した献身における、あの自らを省みない喜び。それが、宗教的であれ非宗教的であれ、日々の決まりきった仕事全体を霊的な活動へと変容させます。私たちに求められているのは、晴れでも曇りでも自らの務めを黙々と果たすことであり、そのことが寛容さと感傷とを見分け、自らを捧げ生きることに骨格を与えます。聖テレサの分析は、外向と内向とのこうした完全なる統合における祈りの生活の「開花」に至らない限り、その生活は正しく機能を果たしておらず、また私たちは人間の魂が召されている仕事を全うしていないということ、つまり、私たちが途上で止まっていることを意味するのです。

このことが示しうるのは、完全なキリスト者における第一の関心事は「存在」(Being)の領域と共に、神ご自身と共にあるということのみです。私たちの絶え間ない一連の外的な行為と経験の各々は、神ご自身と関連づけられなければなりません。そして、第二の関心事は、その「存在」(Being)の世界の価値を「生成」(Becoming)の世界、すなわち継続し変化する物質的世界へともたらすことにあります。もちろんそれは事態をざっくりと哲学的に述べたものです。より宗教的に言うならば、そのような生の図式は、私たちが自身のささやかな度量の範囲においてキリストのなされた「贖い」と「照らし」という二重の働きの継承に献身するということでしょう。[52] そしてこれを自発的な無条件の自己放棄、愛、謙虚さをもって行うがゆえに、私たちは「時間」の世界のうちにおいて「永遠」をもたらす「媒体」とさせられるということとでもあります。繰り返しになりますが、このことすべては、私たちが自身の実践において「創造的な内なる生」を真に展開するとき、それには二重の——神と他の魂との両方へと向けられ一つとなる——活動が伴うことを必ず見出すことを意味するのです。

したがって、キリスト教の働き手による完全なる生は、形而上学的な意味以上に、祈りによるたゆまぬ生であり、またそうあるべきです。そのように生きるには、神の大気（God's atmosphere）の内へと常にとどまること、すなわち神のたゆまぬ切迫へと躊躇なく応え、神の創造的な意志とのますます完全なる一致へと揺らぎなく近づくことが求められます。この状態を私たちが維持する能力の発達によって、自らの魂の深み、力、実在性が増しているか否かを試すことができます。「形式的な祈り」（formal prayers）は、行われるのが集団のときであれ一人のときであれ、単にこうした生の骨格に過ぎず、大部分はそうした生へと私たちを備えさせ教育するためのものです。もちろん、神に向かって為されたいかなる小さき働き、すなわち、神へと直接に関係づけられた生におけるいかなる行いも、一つの祈りとなりうるという見方は、常にキリスト教にあるものです。あの聖女〔聖テレサ〕が、自分が祈る時間を割くことのできない人びとのためをおもい、祈りを込めて馬鈴薯《じゃがいも》をゆでたというのは、この法則をただ純粋に実行に移しただけのことです。[53] 願望を「感覚的なもの」のうちに、また「感覚的なもの」を通して、「超感覚的なもの」の心そのものへと向けることは、秘蹟的生の中核をなす秘儀に近いものです。しかし、この外向と内向との完全なる調和は霊的な成熟に伴う特権であり、〔神との〕直接の交わりを養い深め、魂を伸展させ強めるために一定の場をもたない限り、誰もそれを達成することはできないでしょう。では特定の状況に置かれているあなたは、いかにして自らの「祈り」と「外的な行為」とを「使徒的なる生」という一つの完全なる織物へと織り上げているのでしょうか。聖職者がこのことを行いうると思われる数多くの方法のうち、三つだけを私は挙げてみます。つまり、祈りという「内なる生」を自らが委ねられた人びとにとって絶えず直接的に役立つものとし、祈りを自らの牧会的な行動へと組み込む方法です。

最初に私は実に簡単なことを申します。それは、ほとんど誰もが為しうると思いますし、またその効果において失敗した例を私は知りません。つまりそれはこれです。ご自身の教会で可能な限り祈る時間を設けるということです。これは教会を真の祈りの家、学び舎、家庭とすることへの最初の一歩です。私は単に早禱や晩禱について言っているのではありません。つまり、皆さんにとって真の形式的でない神との交わりの時間を、少なくとも部分的に自分の教会で過ごすということです。それは、誰が見てもすぐわかるような「信仰の雰囲気」（the atmosphere of devotion）を私たちの教会にみなぎらせ、教会を「霊的な家」に変えていく最善かつ最も確実な方法です。またこれは現時点で聖職者によって実行しうる方法の中で、キリスト教の教えを証しうる最も価値あるものの一つだと私は信じています。

教会の牧師が自分の教会に入って祈るつもりがないなら、その扉を開けておくことはほとんど無益だと私には思えます。たいていの場合、皆さんは同様に待合室を開放しているのかもしれません。確かにご自身の教会を家庭的でほのぼのとしたものにすることは、皆さんの務めの一つです。そして特に、教会の心落ち着く雰囲気をとても必要としている働く人びとを、できるならば、目立たないようにさっと入ることができる時間帯に歓迎しているように印象づけることは重要です。たいていは騒がしい街中で働き私生活《プライバシー》もなく過ごしているこうした人びと全体に祈りの真実味や必要性について話すことは、静かな場を提供しない限り無益なことです。教会は、埃除けのカバーをかけた霊的客間のような近づきがたい雰囲気で――週日を通じて英国国教会の教会に特徴的なことですが――人びとを迎え入れることがあってならない場所です。教会は、適切な示唆に満ち溢れ、訪れる人びとを惹きつけ、人びとが招きを受ける助けとなる場であるべきです。その必要不可欠な家庭的な質を教会にもたらすのを助けるのが、皆さんご自身の祈りです。このように、真の超自然的な力の満ちた家庭を創り出すこと、そして真の超自然的な力の満ちた歓迎《ホスピタリティ》を継続的に実践すること。これが、聖職者が自らの内なる生によってほぼ間違いなく人びとに直接的に仕えることができる第一の点だと思われます。

皆さんにとって委ねられた人びとのために祈りにおける自己鍛錬を有益なものとする第二の道は、一般的に「執り成し」の項目に入るものです。「執り成し」は言うまでもなく、教区のために、また個々人のために皆さんが為しうる一切のことを含みます。それは、皆さんが人びとを支え、落ち着きと癒しの効果を与え、自らが行う愛を込めた黙想と祈りによって導くことにおいて為しうる一切です。他の人びとの魂に深く関わる者はすぐに、生きることの表層の下で働いている不可思議な霊の潮流を何かしら知るようになります。そして、愛《カリタス》が超自然的な目的のために超自然的な相貌においてて働きうる程度についても何かしら気づくようになります。しかし、もし皆さんがそれを行うのであれば、一つ大切なことは、そのことについて何にもまして関心をもつべきであるということです。つまり、いかに苦しんでも構わないほどに心を向けるということです。私たちは関心をもち懸命にならない限り、誰も助けることはできません。なぜなら、霊が霊を貫くのは愛によってのみだからです。

この「執り成し」という驚くべき神秘のうちに暗示されていることについて、少なくとも私たちが理解しうる程度まで、いったん考えてみましょう。それは第一に、私たちすべてを浴す大洋のように、限りなく愛し、活き、すべてを貫く「霊の霊」（the Spirit of Spirits）である神を、私たちが知ることを含意します。そして第二に、私たちの人間的な思考が未だ縛られているあの空間的な言葉を用いるならば、こうした統合的で生気を与えるような媒介によって、私たちもまた、愛と意志とにおいて神と一つとなり、未だ予期しえない道において私たち人間相互の魂を互いに貫き、動かし、影響を与え合うことが可能なのです。しかも、この全過程を通じて先行して働き、人格的で自由であり、あまねく臨在する神によって私たちは形づくられ、定められています。神が創造され、今なお創造され続けている世界とは、聖霊によってあまねく息吹かれている一なる世界です。そして、この世界の霊的な働きがなされるのは、人びとの祈りが宿り、神に触発された行為を部分的に通してのことです。祈り深き人びとが専念し祈ることを通して、誘惑にある魂に触れてそれを救い出すとき、それは神ご自身が人間を道具として用いた神ご自身による行いであることを、私たちは確かなこととして悟るべきです。

このような諸々の力の不可思議な相互作用において、一つの「道具」が私たちの手に与えられているように思います。すなわちそれは、私たちの愛、意志、関心、願望であり、一つのことの四つの側面を説明する四つの言葉です。この動的な愛はひとたび利己心から浄められると、霊的な次元において用いるべく私たちの力となります。つまり、神とともに他の魂に働きかけるための機関《エンジン》となるのです。聖人たちは、しばしば自ら多大なる犠牲を払い、多大なる努力をもってその力を用いた人びとです。その人格が力において増し加わり、そして神への崇敬において拡充するにつれて、聖人たちは他の魂のための必死の自己犠牲的な格闘へとますます惹きつけられ、さらに骨の折れる創造的な活動に加わり、断固として寛大に支援し、人間の霊が神とともに働くべく招かれる贖いの祈りへとよりいっそう駆り立てられたのです。聖人たちの「執り成し」は、特にその最も隠された領域において、そして苦しみと罪に対する自己犠牲的で自己滅却的な行為において、キリストの超自然的な働きをおぼろげに再生し継続させます。真の聖人とはこの世界の諸々の罪と痛みの重みを感じ、かつ背負う人です。私たちがそのように互いに贖いの苦しみを受け容れることができるのは、人間の魂の最も偉大な特権です。そして聖人たちはそれを受け容れた人びとなのです。

「神は私を、祈りのうちに苦しみ得させたまえり」と聖人であり福音伝道に献身したデイビット・ブレイナード(54)は語りました。「私の魂は、世のために引き離され、そして私は多くの魂をつかもうとした」。こうした言葉は、未だ到達していない可能性を感じさせないでしょうか。また深い神秘的な力、通常「執り成し」と呼ばれることによって説明しきれないような何かがあるのではないでしょうか。聖テレサもまた、もし神との一致にあると主張する人が常に至福直観の状態にある場合、彼女はその人が神との一致にあることを単純には信じないと語っています。彼女の考える「神との一致」とは、この世の罪と痛みに対する大きな悲しみ、すなわち、神のみならず他のすべての魂との一致の感覚、そして贖い癒そうとする大いなる熱情を伴います。それは真なる超自然的な愛《カリタス》そのものです。そしてそれは、心地よい人びとではなく不快な人びとを、愛らしい人びとではなく愛しがたく辛辣で偏屈で敵意を感じさせ困惑させられるような——あるいはさらに酷い状態にある人びとを愛し、救い出すことへの召しです。美徳、見解、個人的な好みとは関係なく「愛すること」は、自らの嗜好に敵対する人びとでさえも愛することを意味します。もし皆さんがそのように人びとを愛し、自らの愛をゆるぎなき「執り成し」の働きへと変換させ、そして自らに委ねられた苦しみ、罪や欠乏に満ちた大海に溺れることを避けるべきならば、重複しますが、それは神への崇敬と信頼を込めた愛という質を保ち、養うことによってのみ達成しうるのです。これこそが祈りに生きることの核心です。そして、この核心において働く限りにおいて、私たちは安全に他の魂に触れ、感化することを求めることができます。

というのも、そのような「執り成し」は、一つの犠牲的な仕事だからであり、犠牲的な仕事が成し遂げられるためには、強靭な内的生の下支えが必要だからです。そうした仕事は「愛に根ざし、愛にしっかりと立っている」のです。

聖職者の「祈りの生活」が信徒たちに作用を与える第三の道は、聖職者に助言を求めに来る人びとに与えうる個人的な忠告や導き、専門的な言葉では「指導」（direction）の仕事にあります。「指導」とは何でしょうか。「指導」とは、ある魂を、別の魂によって、その別の魂を通して導くことです。それは、牧会的な仕事の中でも個別的かつ集中的に行われる側面です。神はほぼ大体において、個々に他者を通して到来し、変化をもたらします。そして皆さんはご自身の按手式において、このことに自らを捧げたのです。「弟子たちの交わり」（the relation of discipleship）は「霊的な生」におけるすべての層を貫き成立しています。すなわち、そうした交わりが、「霊的な生」に具体性をもつ社会的な構造を与え、主観主義や無秩序からそれを守り、確実に継続していくようにしています。そうして私たちが今まで与えられ、あるいは獲得してきたかもしれないことすべてを、私たちは絶えず分かち合う準備ができていなければなりません。

そのような指導的働きは、人間の務めの中で最も神聖なものの一つに違いありません。そしてまた、皆さんの「内なる生」がより強まり、霊的な感受性が高まるにつれて、そのことゆえに必然的に、より多くの魂が皆さんのところへと集まってくるでしょう。そしてそれに伴って、ますます多くの困難や可能性も露わにされることでしょう。したがって、この仕事のために自らの魂だけでなく精神も訓練するという厳粛な責任は、聖職者の側にあるのではないでしょうか。例えば、人間の心的な特質、特に宗教的な生活に影響する特質について学ぶこと、すなわち、霊性の多様な段階と型《タイプ》とを認識し、そうした多様性にいかに適切に対応しうるかを見出し、そして異なる気質や要求を識別することなどです。そうした識別力は、十分に熟すには天賦の才能を要しますが、その幾ばくかは、もし魂に十分な関心を抱くなら私たち皆にも確実に可能です。指導的な仕事はもちろん神への絶対的な内的な依存においてのみ、いつでも為されうるものです。そして、その最も価値のある部分はすべて、皆さんが導くように召されている魂に対する皆さんの祈りの力によって、沈黙のうちに為されるのです。

そのように人びとの魂に触れようとし、その魂を形づくることは完全に可能であると同時に、実行しうることを皆さんは見出すでしょう。そして、もしその人びとが本当に繊細ならば、皆さんがそのように働きかけていることにおそらく気づくようになるでしょう。

霊的な助言を求めて聖職者を訪れそうな人びとには顕著な三つの部類があります。第一は、堅信式を控えた子供たちを含む非常に若い人びとであり、霊的、精神的、そして感情的な生活の門出にあたり導きを宗教に求めている若者たちです。第二は、信仰を失ってしまったか、あるいは信仰を全く持たなかったものの、今は神を見いだす手助けを求めている大人たちです。第三は、キリスト教徒でありながら未だ疑いでひどく苦しんでいるか、人生に疲れ切っているかで、神を見失わずに済むよう助けを求めている人びとです。ここで間違いのない最初の原則は、いかなる部類のいかなる人であっても別個な人物として対応されるべきだということです。そしてどのケースであっても、魂を導くためには、その人自身の視点、既存の教義的な図式、「カトリック」あるいは「福音主義的」な原則を最初に一切考えず、その人に特有の差し迫った要求、特有の発達段階、そして神との特有の関係の中で、その人の魂が求めていることを思わなければなりません。

皆さんは活き活きと成長し続ける個々の霊と顔と顔を合わせているのであり、キリスト教徒という封をする封蝋《ふうろう》の塊と接しているのではありません。そして皆さんが神に対して責任を負うのは、その魂に月並みの情報を少々与えることではありません。おそらくそういった情報は理解もしてもらえないでしょう。神に対する責任は、その求める魂が自らの立つ位置を見出し、その魂特有の霊的資質を独自の方法で発揮する助けとなることにあるのです。そして、その魂が次第により真なるものとなり、その隠された天賦の才を聖なるもの（sanctity）のために成就する助けとなる責任です。

したがって、指導者が犠牲のすべてを払って克服すべき第一の誘惑は、「一般化」し、「蓄えた知識を当てはめる」傾向です。若く疲れを知らない人びとにでさえ、慣例的な指示や方法は危険であることがよくあります。なぜならすでにその始まりからして、魂はそれぞれ非常に大きく異なるからです。あらゆる種類のあらゆる度量をもつ魂に対する深い敬意、素朴でうちとけた辛抱強さ、謙虚な自己忘却、真の霊的成長は緩やかであるという認識。こうした特質が良き指導者を作り上げます。指導者はしばしば熱心な人に歩調を無理にあわせる傾向があります。しかしながら、指導における腎慮ある節度、待つことへの柔和な意欲は、おそらく常に誰に対しても必ず安全なことの一つです。

第二と第三の部類の人にはもちろんのこと、自己を忘却し、緩やかに気を配ることがよりいっそう必要です。というのも、この場合は、多かれ少なかれすでに熟達していながらも困惑している人びとと接しているからです。またそうした人びとは現実味のない助言にはいかに些細でも敏感に気づき、神学的な決まり文句には懐疑的で、おそらく皆さんが何を口にしても批判なく進んで受け入れることはないからです。それだけでなく、必然的に皆さんは、そうした人びとの精神的な装いや見解をほんの部分的にしか知りえないですし、それゆえに自分の言葉が正確にどのような意味を持つか、確信を持つことは不可能です。宗教的な概念をめぐる感情的な雰囲気は、あらゆる事柄の中でも推測するのが非常に困難です。皆さんが大切にしている表象《シンボル》が、相手にとっては最も嫌悪感をもよおさせるかもしれません。そのような事例においては、皆さんは常に神へと立ち戻らされるでしょうし、またそうあるべきです。唯一望みうるのは、結局、「祈りの精神」（a spirit of prayer）においてその人に応じることだけです。そして、常に覚えておくべきは、最も大切なことは皆さん自身の確信のもつ「伝染性の質」であって、決してそれが表現される「議論」の方ではない、ということです。それが達成できれば自らの働きの結果に驚かされることが頻繁にあるでしょう。そして、それは自分が語りえたこととは全く関係がないように思われるでしょう。

　非常に感受性が強く、自分に好意的であり、またそう見えるような人に応じるときでさえも、自分と全く同じ霊的視点から、他の魂に実在を見せるようにすることは決してできないと最初から自覚しておくことは、一つの助けとなります。自分の確信の最も基本的なことでさえ、色彩や意味を変えることなく伝えることは現実にはできないでしょう。またたとえそう望んでいても、そうした色彩や強調のほとんどは自分の個人的な貢献であって、絶対的真理とはほとんど関係がありません。皆さんの応じる相手は、神との出会いにおいて皆さんとは全く異なる心的内容と必然的に向かいあうことになります。つまり、心理学的な術語でいうならば、統覚群[55]は、その人の教育、思考、性格、生育歴、社会的環境によって色付けられたその人固有のものだからです。さて、統覚は私たちの宗教的な洞察や経験のすべてを統率するものであり、私たちが肉体を有する限り、いかなる可能性をもってしても純粋ではありえません。この心理学的な法則の結果、皆さんの極めて注意深い的確な教えは、受け入れてもらえず失敗に終わることがしばしばあります。そうでなければ、そうした結果は認識できない形で終わります。このことは、もし皆さんが語る特定の言葉に絶対的な価値を置くならば、とても意気消沈する経験であるかもしれませんし、聖職者としての自尊心にとってひどい屈辱となります。

しかし、祈りによる内なる生がより深く、穏やかに、無私なるものへと成長するにしたがって、そして、形式を内的に認識した実在の衣服としてのみ重んじるにしたがって、今日では多くの人びとを極めて困惑させる慣習的な言い回しから遠ざかることができるでしょうし、自分の言葉が、各々の魂の置かれた特定の状況にあったものとなるでしょう。福音書には、私たちの主が同じことをいかに多くの異なる方法で述べているかを私たちに明らかに示している箇所があります。そしていかに主がこの世のあらゆる種類の人びとと各々の立場で出会ったかがわかります。すなわち、百合を観想することを通して父なる神を見いだすように求められた者もいれば、他方では自己放棄し、キリストの十字架に従うことを命ぜられた者もいます。そして、聖なる教師たちのほとんどは、その自らの方法においては、常に極めて変化に富み、魅力にあふれ、寛容で、説得力あることも、未だ真実であり続けているのです。それはいかに彼らが究極的に命じるものが困難で犠牲を伴うものであっても真実です。

このことが意味するのは、そのような働き（work）のすべてを、真に牧者としての視点から見ることであり、それぞれの特定の羊の大きさ、種類、食欲、そしてこの先の成長へと、しっかりと皆さんの眼差しを向けること、そして、皆さん自身ではなく、その羊自身の完成へと達するように助け、「型にはめよう」とする誘惑を退け、常に各々の生、それぞれにとってより豊かな生と、それを与え育てることを目指すのです。つまり、情報を伝えるのではなく、消化しうる、消化すべき適切な食物を――それは本当の食物が生物の命に滋養を与えるために消化されるがごとく変えられるべき糧を――提供するということも意味します。このように状況を見るようになると、皆さんが最も重要だと考える事柄はしばしば無視され、そして皆さんの極めて注意深い助言や指示は明らかに誤解されるという事実が気にならなくなります。結局のところ、皆さんが助け形成しようとしている霊的人格とは、おそらく皆さん自身のそれとは大きく異なります。そして、おそらく皆さん自身の秘めた理想とさえも異なるのでしょう。したがって、皆さんにとって最も基本的もしくは素晴らしく見えること自体は、常に前面には出されるべきではありません。飼料用の甜菜《ビート》は、あらゆる成長段階の羊すべてに適しているとはいえません。このすべてを単純に為すには多大なる自己放棄が必要ですし、それは皆さんを訪れる人びとに教えることだけでなく、人びとから学ぶことを意味します。そして、それこそが、個人の宗教的な仕事のなかでも、自らを浄化してくれる部分なのです。

さらに、このような仕事をする人びととは、一般的に自らが成長し変化し続けている人びとです。つまり、目的地にまだ到達していない、旅の途上で探求をしている人びとだということです。多かれ少なかれそれは、概して埃まみれの一人の殉教者がその途上において（*in via*）もう一人の殉教者を助けるということであり、すべてを知り尽くした著名な教授が御しやすい学生の一人に準備された授業を施すのとは違います。時には、皆さんの現在の限界をはるかに超える霊的経験を経てきた、あるいは経てきたように見える人物が助言を求めて来るということも、実に十分に起こりえます。あるいは、皆さんが直接には何一つ知らないような祈りの形式に導かれている人がやってくるかもしれません。そういったことに対して、何がなされるべきでしょうか。また、精神的疾患や宗教的な虚栄心の犠牲となっている者と、神秘的タイプの宗教に本来的に惹かれる者とを、いかにして皆さんは見抜いているのでしょうか。そして、その後者の場合――神によって祈りの神秘的な段階へと導かれ、当人たちも非常に困惑していることがよくある場合――自分自身でさえ立ったことのない境地にある魂が必要としている助けと導きを、皆さんはいかに的確に提供しているでしょうか。こうした自らの小ささを思い知らされるような義務が、聖職にあるいかなる人にも、いかなる時にも課されるかもしれないのです。もし皆さんが、宗教の中でも教区や倫理や人道的な側面にあまりに全面的に集中していたがために、宗教のもつより深い神秘へと招かれている魂に何も与えることができないのであれば、それは恐るべきことではないでしょうか。

ここが、「念禱」(mental prayer)と「霊的読書」に厳しく励んできたことが、極めて正しいとわかる点です。皆さん自身は山々へと行くように召されていないかもしれません。しかし、皆さんが少なくとも重い登山靴を身につけ、丘陵を少しばかりよじ登る程度のことをしたことがあるならば、単にすべての時間を平地で過ごし、敬虔という芥子種のうるわしき小さな畑地を耕しているよりは、これからやって来る登山者たちに、よりよき助言を与えることができるでしょうし、登山者たちをよりよく理解することもできるでしょう。そして、そのように自らのうちに神へと傾注する習慣を鍛錬しつくり上げ、維持し、そして霊的な筋力を鍛え、霊的感覚を先鋭化し、聖人たちから学ぼうとしている人びとは「自己欺瞞的な型」と「本物の神秘的な型」とを識別する能力を真に発達させます。これは決して容易なことではありません。このような人びとは真なるものと遭遇した時には、それと分かります。そして、自ら正しく用いることを知ってる知の源泉へと近づくすべを持っていますし、現にその知を役立てることができるのです。人間の魂が、より霊的に発達した他の魂を助けるために神によって用いられうること、かつ実際に用いられることは、全く疑いがありません。しかしそれは、その人の魂が、自己放棄された祈りを通して、霊的な光源と接触している場合に限ります。私たちが自ら黙想の訓練を実践しようとある程度は努めたことがない限り、神秘的な祈りに関する書物を読み、それを適用できると思うのは無益であり、実に危険なことです。私たちはそうした書物を理解できると思うのですが、実際には理解していません。私たちは霊的書物を適用しようとしますが、その望みははかなく失敗に終わります。霊的書物は霊的言語で書かれており、霊的に理解されなければなりません。霊的書物は私たちが読むたびに新たな意味を与えてくれます。そして、私たちのほとんどが本来の間違いに気づき始めるのは、かなり年数が経った後のみです。ですから、他の魂を導くよう召されている人びとは自らが内的祈りの学びにおいて謙虚な生徒であることが絶対に必要です。

一個の魂が他の魂にとって指導者であり、支える人であり、光の与え主であるべく神に召されているというこうした考えは、今日の英国の宗教的生活からかなり抜け落ちています。現在ではそれは教会で部分的に実践されるのみですし、不必要に温室的な方法で行われていることが非常によくあります。他の魂と関わるという細やかで個別的な仕事は、――過去の時代においては、霊的生という技を伝えた数多くの男性や女性、一般の人びとや宗教的な役職にある人びとによって為されたのですが――今日では忘れられています。私たちは様々な形態の教育に多大なる関心を寄せますが、この親のように忍耐強く、専門的に霊を鍛え養うという訓練はすべて放棄しているのです。しかしながら、そうした考えのいかに美しく、いかにキリスト教徒的で、いかに自然なことか。偉大なフランスの指導者たち、例えば、フェヌロン[56]、ボシュエ[57]、フランソア・ド・サル（フランシスコ・サレジオ）[58]、ヴァンサン・ド・ポール[59]の業績は、こうした訓練が何を為しうるかを示しています。そして、それがいかに柔和な智恵、慎ましさ、柔軟性、心理学的洞察、無私なる忍耐、霊的な堅固を要するかも示してくれています。彼らの指導の書簡は、あらゆる聖職者によって確実に読まれ再読されるべきですし、しなやかな手によって自然の世界と恩寵の世界とが紡がれ聖化された常識に満ち溢れています。そうした常識は、学ぶ魂が自らの生活のあらゆる日常的な環境において、祈り、自己鍛錬、より実在に近づく機会のための材料を見いだす際の助けとなります。私たちの今の時代に適合する形であれば、そうした個人的指導の仕事の復興は、英国の教会内で祈りの生活を刷新するために多くを為すに違いないと思いますし、その指導を行うことのできる聖職者が十分にいない限り、教会は復興しえないのです。それができる聖職者は、学びにこと欠くようなことは当分ないでしょう。またそうした聖職者はすぐに認められます。そのあとの事柄は、いま広まる霊的な事柄への渇望によってなされるでしょう。

さて、共に考えてきた内容についてまとめることにしましょう。最初に、神の僕は自らが最善でないかぎり全力を尽くしえない、という明白な真理です。したがって、自己を深め修養していくことが、聖職者の任務のまさに中心であるということ。第二に、キリスト教徒にとって最善であるということは、神の恵みと私たちの意志との動的な「協働」と親密な「一致」によるのであり、それは必須であること。そして、従順さと努力の双方が同時に必要であること。さらに、穏やかな従順さと犠牲を伴う努力とのこうした一致が、聖職者の祈りの生活を支配すべきだということです。というのも、そうした「祈りの生活」の目的は、「永遠の命」の豊かなる秘儀をますます理解し、受け容れ、他者へと分かち合い伝えることができるようになるために、自らの内的な生活を深め拡充し、自らを完全に捧げることにあるからです。皆さん自身の向かい合う格闘と誘惑、皆さん自身がわずかながら垣間見る実在、そして神の目的のために徹底して自らを放棄するという皆さん自身の惜しみない行為――こうした異なる浄化のすべてが結びあうことから、何かが為されるべきであり、それは他の魂に働く聖霊とともに為されます。なぜなら、これこそが「聖霊」が他の魂に働きかける仕方だからです。換言するならば、私たちの最も「内奥の生」は、聖霊の世界との「意志ある呼応」（willed correspondence）から成るのであり、この「意志ある呼応」、すなわち「祈り」は二つの主要な道筋を通って――神へと向かう愛、そして人類への愛――究極的には最も高みにおいて一つとなる二つの愛を通じて、自らを成就するべく定められています。遅かれ早かれ様々な程度において、神の力と贖いの働き《エネルギー》は自ら欲して第一に神へと向かい、次に他の魂へと向かい触れ合おうとする人びとを通して示されるでしょう。そして私たちは今を生き成長し続ける人格として、この神の目的を成就するためにますます霊的なものとなり、ますます人びとに説得力ある者となり、ますます深まり真実となることが求められるのです。

　これは単なる敬虔的な戯言ではありません。これは、恐ろしく実践的な務めであり、神の国をもたらすことに貢献しうる唯一の道です。それは神学的な言い換えによっては成就しません。神の「聖性」（Holiness）がそれを必ずや成し遂げるでしょう。そして、自らの内的状態を保ち他の魂のために何かしら役立とうとするならば、「聖性」へと向かう成長のために次の二つのことを合わせて実践することが有益に見えます。すなわち、魂が内奥において主なる神の静けさと安らぎのうちにとどまることによって、主が甘美であることを味わい真に知る偽りのない平和な黙想と、不確かな人間である私たちに求められる苦しみ、努力、緊張との双方です。こうした理想は極めて豊潤であるがゆえに、その完全なる完成が成就したのはたった一度です。それでいながら、それは極めてしなやかであるがゆえに、その理想のうちに、信心深い人なら誰もが自ら成長する場と機会を見いだすことができるのです。それが意味するのは、「神への愛」と「解脱」（attachment and detachment）との両方の実践、すなわち、私たちの多様なこの世の義務を、あの世的な愛との結びつきを緩ませることなく、最も注意深く愛情をもって成し遂げることを意味します。そして、もしそのような生の図式を論理的に正当化したいならば、神の受肉というキリスト教の中心的教義のうちにできるのではないでしょうか。というのも、これが意味するのは、永遠で普遍なる神が人格を通して、神の被造物を取り戻し永遠なるものとすべく、身を乗り出して触れてくることではないでしょうか。それはまた、人への神の愛の直接的な行為が人を通してであること、さらに神は私たちに、ご自身の愛と聖性が私たちを通してますます豊かに表されるために、人格において、そして真に豊かに「自分が自分で在ること」において成長するよう求めていることを意味するのではないでしょうか。そして、私たちの主の歩んだ牧会という人生は――多くの孤独なる祈りに支えられ――この私たちの二重の環境と人間が応じる典型的な範型を私たちに与えてくれています。聖人たちはさらに親密にその型に倣った人びとであり、そうすることで、自らの人格が愛と力とともに広がり輝いたのです。聖人たちが歴史において示すのは、私たちには掌握しうることのない質の成長と変容です。しかし、それは確実にキリスト者の規範ではないでしょうか。多くの場合、聖人たちは始まりにおいては平凡で見込みがない人びとですらありました。というのも、真の聖人とは特別な被造物でも、霊的な逸脱者でもありません。聖人は聖アウグスティヌスの偉大なる願望──「私の生はまったくあなたに満たされ、真に生ける者となることでしょう」[60]──をもって成就された者です。そして、そのような真の生、そのような神との内なる一致が育つにつれて、他の人間と一体であるという意識も育つのです。聖人たちは「歓喜の祈り」や神に認めてもらえるような「純粋な感情」に包まれたまま離れて佇むことはありません。窮状の中へと赴き、その窮状の中心において、神を宿すがゆえに神〔の力と輝き〕を放つことができるのが聖人たちです。そして、それこそが、他の何にも増して魂を取り戻し癒すという聖職者の働きなのです。

訳　注

（1）ゲルラク・ペテルセン（Gerlac Petersen, 1378-1411）（ペーテルス・ゲルラハ）フランドル地方の神秘家。リュースブルクの弟子で、トマス・ア・ケンピスの友人としても知られる。『神秘』五四五頁、P・ディンツエルバッハー『神秘主義事典』三九一頁、参照。

（2）原語の inner life の life は、「生活」「生命」を含意する。つまり、内なる（内的）生活、内なる（内的）生命である。本書では、それを包摂する訳語として「生」を用いるが、文脈によって「生活」「生命」を用いる。

（3）ジョージ・フォックス（George Fox, 1624-91）は、イギリスの「キリスト友会」「フレンド派」、通称「クェーカー派」の創始者。靴職人の見習いとなるが、召命を受けて旅に出た後、「生けるキリストの内なる光」の確信を得て、宣教活動を始める。アンダーヒルは、彼を伝統とはまったく無縁の「第一級の大活動家の姿をとった」神秘家と評している（『神秘』五五三頁）。詳しくは『実践』二〇八頁、（訳注一一）等参照。

（4）この文脈でのコンセプション（conception）という語は、アンダーヒルのカトリシズム理解の手がかりとなる言葉かと思われる。しかしそれは単なる狭義のカトリシズムではなく、使徒的生の継承という意味でのカトリシズムである。本書刊行の前年一九二五年に執筆された彼女の論文「社会的行為のキリスト教的基礎」に同じコンセプションという語が用いられており、本書の内容とも共鳴しあっているので参考にしていただきたい（*Mixed Pasture*, p.110-111）。

（5）クレルヴォーの聖ベルナルドゥス（Bernard〈Clairvaux〉, 1090-1153）はフランスの聖人、神秘家、説教者、教会改革者。シトー会大修道院長となる。新修道院の設立にも努め、祈りと観想、研究と執筆、修道士の教育のみならず、時の教会をめぐる問題の調停にも専心した。一二世紀を代表する霊的人物であり、アンダーヒルは彼の生涯を「多方面にわたる絶え間ない活動の連続で、〈観想的生〉は『怠惰な者』という論難を反駁するのに充分であった」と評している（『神秘』五三二―三三頁）。

（6）出典不明。ヨハネス・タウラー（Johannes Tauler, 1300-61）はエックハルトの高弟で、ゾイゼと並ぶ著名なドイツの神秘思想家。ドミニコ会に入り、主に修道女や一般信徒に説教を行い、霊的指導者として活躍した。「神の友」と称する非公式団体の指導的人物の一人でもあった。彼はルターの宗教改革にも影響を与えた。彼の『説教集』はカトリック、プロテスタントを問わず、近世神秘思想の基本的文献として重要。（『神秘』

五四一―四二頁参照）

（7）ジェレミー・テイラー（1613受洗-1667）はイギリスの聖職者。チャールズ一世の宮廷付き牧師となり、ピューリタン革命の際には捕らえられ、釈放後はウェールズでの隠遁生活で著作活動を行った。

（8）ウォルター・ヒルトン（Walter Hilton, 1340?-96）は、イギリスの神秘家。詳しくはアンダーヒルの彼に関する論考（*Mixed Pasture*, p.188-208）を参照。

（9）一九二二年英国のスワンウェックで行われた諸宗派間の夏期講習でアンダーヒルが講演した「キリスト教社会改革における幾つかの含蓄」（Some Implicits of Christian Social Reform, *Ibid*, p.63-83）でも、ヒルトンの比喩が用いられている。

（10）エフェソの信徒への手紙三・一八―九。

（11）出典は不明だがアンダーヒルの他の著書でも引用されることの多い箇所。*Mysticism*, p.329（『神秘』二八二頁、静寂との関連において）; *The School of Charity*, p.1. 後者の著作は、ニケヤ信条の黙想の書であり、アンダーヒルの著作から編纂された大斎節と降誕節の期間の黙想・祈りの書にも、そこからの抜粋が載せられている。*Lent with Evelyn Underhill*, ed. By G. P. Mellick Belshaw, London: Continuum, 1990 (1964), p.14 (Ash Wednesday); *Advent with Evelyn Underhill*, ed. By Christopher L. Webber, N.Y.: Morehous Publishing, 2006, p.5 (November 29) を参照。

（12）「魂の根底」は、ドイツの神秘家エックハルトの中心的概念であり、人間の内部における神の相似形で、神の本性が刻印されたのち神性が宿る場所、魂の最良の本質を指す。『実践』第三章六一—二頁及び六八頁、『神秘』二六二頁等参照。

（13）イグナチオ・デ・ロヨラ『霊操』門脇住吉訳・解説、岩波文庫、二〇〇六年（第六版）、八六頁。イグナチオ（Ignatius de Loyola, 1491-1556）は、スペイン出身のイエズス会の創始者。聖人。

（14）出典不明。

（15）アンダーヒルが師であるヒューゲルから継承している批判的二元論に通底する彼女の神観が現れている箇所。神の超越性と内在性を対比させている。

（16）アンダーヒルが一貫して説いた「祈りと実践との一致」の根拠となる部分。「独立性」は神の超越性、「贈与性」は神の内在性と対応している。「贈与性」は神の恵みの先行性の他に、神が自らを譲与したこと、すなわち受肉も含意する。人間の経験の「二元性」に関しては、彼女の主著『神秘』第一二版の序文参照。

（17）マザー・ジャネット・アースキン・スチュアート（Mother Janet Erskine Stuart, 1857-1914）は聖心会の総長。彼女の伝記であるグイド・パガニーニ著『天性の教育家』聖心女子学院訳（中央出版社、一九六六年）の第一三章「霊的教訓」を参照。その他、*The Society of the Sacred Heart, Convent of the Sacred Heart*, Roehampton: London, 1914 参照。

また、手記の抜粋を編集したものに、*Prayer in Faith: Thoughts for Liturgical Seasons and Feasts*, ed. Ed. By L. Keppel, Longmans Green and Co., 1936 がある。

（18）フリードリッヒ・フォン・ヒューゲル（Friedrich von Hügel, 1852-1925）のこと。ローマ・カトリック教会の平信徒の神学者、宗教哲学者。アンダーヒルの霊的指導者であり、彼女が指導を受けた同じ時期に、日本から留学してきた岩下壮一もヒューゲルの指導を受けている。

（19）F. von Hügel, *The Mystical Element of Religion*, Vol.2 London: J. M. Dent And Sons., 1923, p.250.

（20）伝統的に「苦行」はラテン語の mortificare（「殺す」）に由来し、自己放棄と身体的苦痛を自己に課すことによる「無秩序な肉体的・生理的欲求を抑制するための行」を指す（岩波キ、三二九頁）。アンダーヒルにとって神との一致における「苦行」と「浄化」との関係性についての概略等に関しては『実践』の特に第三章訳注（1）を参照していただきたい。また、本箇所のように「祈り」と「苦行」との意味連関が詳細に記されている著作としては、本書と同時期に執筆された一九二七年刊行の *Man and the Supernatural* が参考となる。その中で彼女は「祈り」と「苦行」は、人が霊的なものとなることにおける「意志と恩寵との本質的な協働」を換言するもう一つの方法だと記している。「祈り」が「永遠なる神」に向かう自己のより大きい拓きであり、神を求め、探求し、戸を叩くことにおいて決して人間が欠けていることのない一方で、「苦行」は人間のこの世的なものに対する本能的な反応をより統制することを意味すると述べている（*Ibid*, p.243）。

(21) ジャン＝マリー・ヴィアンネ（Jean-Marie Vianney, 1786-1856）を指す。フランスのカトリック司祭。カトリック教会と英国国教会の聖人。司祭職を志してリヨンの神学院で学ぶが、ラテン語の試験に落ち、例外的にフランス語で試験に合格して司祭となる。リヨン郊外の小さな村アルス（Ars）に小教区司祭として派遣され、没するまで司牧活動を行った。詳しくは戸塚文卿『農村の改革者――聖ヴィアンネ』（中央出版社、一九六六年）、A・モンナン『聖ヴィアンネの精神』（中央出版社、一九五七年）参照。

(22)「トマスによるイエスの幼児物語」第二章。日本聖書学研究所編『聖書外典偽典　六』（新約外典I）、教文館、一九八六年（六版）、一二四頁。

(23) リュースブルク『霊的婚姻』の一部内容を要約した言葉と思われる（Jan Van Ruysbroeck, *Adornment of Spiritual Marriage*, Bk. Ii, Cp.44）。アンダーヒルは一九二一年にオックスフォード大学で女性として初めてアップトン講義を行っており、その講義録である『聖霊に息吹かれる生と今日の生』（原題 *The Life of the Spirit and the Life of To-Day*, Cap. VII）にも同じ言葉が用いられている。ヤン・ヴァン・リュースブルク（Jan van Ruysbroeck, 1293-1381）は、フランドルの神秘家（ルースブルック、ロイスブルークとの表記もあり）で、人生の前半をブリュッセルの司祭として過ごした。アンダーヒルはリュースブルクに関する小著も残している（*Ruysbroeck*, G. Bell and Sons Ltd.: London, 1914）。

（24）『ドイツ神学』山内貞男訳、創文社、一九九三年、第一〇章、四三頁からの引用。*Theologia Germanica*, Capter X 及び、『実践』一九九頁（訳注、二〇八頁）も参照。

（25）ウィリアム・ペン（William Penn, 1644-1718）はイギリスのクエーカー教徒で、ペンシルベニア植民地の建設者。

（26）この点は、霊的師であるヒューゲルの教えの根幹に関わる点である。それについて彼女はヒューゲルの哲学に関する論考（当時学会誌の編集長だった詩人T・S・エリオットに依頼されたもの）に記されている（*Mixed Pasture*, p.213）。また、彼女の実質上の聖霊論を示した著作『黄金のシクエンツァ』（*The Golden Sequence*, p.176）、礼拝における秘蹟との関連では晩年の大著『礼拝』（*Worship*, p44）を参照。

（27）「苦行」（第一部での原語は、mortification だが、本箇所では Ascetic という形容詞）については、第一講でも言及されている。彼女が意味する「苦行」については、第一部訳注（20）を参照。またアンダーヒルは周囲の友人たちにも、苦行（mortification）については、過度にならず肉体的に痛めつけるものであるべきではない点を書簡などで強調している。そしてあくまでも神への崇敬、つき従う忠実さ、働きの重要性を説く枠組みで語られている点にも注意が必要である（A. Callahan, *Evelyn Underhill*, p.91-2参照）。

（28）制度的宗教が不必要だと主張しているわけでないことに注意が必要かと思われる。この世に生きること、そして組織的宗教の中で生きることと個々の宗教的経験との関係性について、彼女は本書刊行の前年に学術誌（*Theology*）に「個人の宗教的経験の権威」（The Authority of Personal Religious Experience）を寄稿しており、研究者のグリーン氏は「もはや権威的宗教と聖霊に息吹かれる宗教、あるいは霊的生と愛に生きることの間には究極的な分離を認めないまでに達した彼女の成熟」が最も色濃く現れている論考だと評している（Danna Green ed., *Evelyn Underhill: Modern Guide to the Ancient Quest for the Holy*, p.12, 119-131）。

（29）『実践』の第四章「黙想と潜心」を参照。

（30）彼の説教『すべての者の唯一の教師キリスト』（上智大学中世思想研究所編『中世思想原典集成　第一二巻　フランシスコ会学派』三九七―四二七頁）参照。ボナベントゥラ（Bonaventura, 1217-1274）は中世スコラ学の代表的神学者でフランシスコ会総長。神秘思想家、教会博士、「熾天使博士」。

（31）アウグスティヌス『告白』山田晶訳、「世界の名著　一四　アウグスティヌス」中央公論社、昭和五六年（一五版）、第七巻、第一〇章、一六、二三八頁。「食べるといっても、肉体の食物のように、お前が私を自分のからだに変えるのではない。逆に、おまえが私に変わるのだ」。

(32) アンダーヒルが祈りの生活と実践との関係性に言及する際にしばしば引用される詩人フランシス・トムソンの詩の一部。*Essentials of Mysticism* 所収の「祈りにおける意志・知性・感情の位置」(The Place of Will, Intellect, and Feeling in Prayer) 参照。

(33) アウグスティヌス、前掲書、五九頁。第一巻第一章の著名な冒頭部分。

(34) トマス・ア・ケンピス『キリストにならいて』池谷敏雄訳、新教出版社、一九九四年(九版)、一七三頁(第三篇、第三四章「神を愛する者には神はすべてにまさり、すべてにおいて楽しいこと」)。

(35) ことばによる祈禱である「口禱」に対して、「念禱」は心の中で行う祈りの方法。黙想や観想とも言われる。

(36) 石井健吾編訳『フランシスコの祈り』女子パウロ会、二〇〇二年(三版)、一六頁。

(37) ベリュル (Bérull, Pierre de, 1575-1629) は、フランス・カトリック改革の中心的人物の一人であり、枢機卿、外交官、神学者。フランスに女子洗足カルメル会を一六〇四年に設立した。オラトリア会の創始者でもある(新カトⅣ、五八四―八五頁、岩波キ、一〇一七頁参照)。アンダーヒルの著書 *Mystic of the Church* のうち一章にフランスの神秘思想の系譜が書かれているので参照。また、霊的師であったヒューゲルの影響が色

濃く現れている書 *Man and the Supernatural* にも、ベリュルの引用あり。

（38）シエナの聖カタリナ（St. Cathatina, Siena, 1347-80）はイタリアのドミニコ会の修道女。活動的な女性神秘家として知られている。教会博士。政治家、教育者、観想者を一身に兼ね、内面生活と外的生活の堅実なバランスを乱すことがなかったとアンダーヒルは記している（『神秘』五四八頁）。『実践』第十章（一九九頁）でも彼女の名が挙げられている。

（39）彼女にとって「浄化」や統合的生を表す鍵語「神的豊穣」（the Divine Fecundity）を叙述する際にしばしば引用される神秘家の一人。主著『神秘』でも引用されているが、「神的豊穣」との関連では四七四頁参照。また、*Mystic Way*, p.187, 367. にも、ほぼ同様の文脈で引用されている。なお、彼女の意味する「神的豊穣」については、簡略ながら『実践』訳者あとがきを参照していただきたい。

（40）『神の愛の啓示――ノリッジのジュリアン』内桶真二訳、大学教育出版、二〇一一年。ノリッジの聖ジュリアン（Juliana, 1342-1420）はイングランドの女性神秘家。『実践』第七・八章に引用があり、観想による「心のより深い知」への導きについて書かれている。

（41）アヴィラの聖テレサ（Teresa,〈Avila〉, 1515-82）はテレサ・デ・ヘスス（Teresa de Jesus）または大テレジアとも呼ばれるスペインの女性神秘家。聖人。教会博士。カルメル会に入会し、改革カルメル会を発足させる。十字架の聖ヨハネの協力とともにスペイン各地に修道院を設立。「実際的な組織家であると同時に深遠な観想者」とアンダーヒルは評している（『神秘』五五一頁）。

(42) ブラザー・ローレンス（Brother Lawrence, 1611-91）はカルメル会の修道士。「御復活のラウレンシオ」「平修士ローラン」とも呼ばれる。平凡な生涯だったが神の臨在の中で実践的な生活を送った。アンダーヒルは「フランス神秘主義の受動性重視の傾向を最も健全でバランスのとれた形で提示した人物」と彼を説明している。後述のジョン・ウェスレー等に紹介され、プロテスタントにも影響を与えた。邦訳も複数ある。

(43) ジョン・ウールマン（John Woolman, 1720-72）はアメリカのクェーカーの第二世代に属する。

(44) ジョン・ウェスレー（John Wesley, 1703-91）はイギリスの宗教家。メソヂスト教会の創立者。

(45) オーガスティン・ベイカー（Augustin Baker, 1575-1641）はウェールズ生まれの裕福なバプテストの家庭に生まれ、法律を学んだ後にカトリックに改宗。ベネディクト会に入信し、ランスで司祭になる。英国でのカトリック教徒に対する迫害が激しいため、渡仏し、ベネディクト会寄宿学校にて英国人修道女の指導者を務める（『神秘主義事典』、三八七―八八頁参照）。

（46）ジャン・ニコラ・グルー（Jean Nicholas Grou, 1731-1803）は、イエズス会司祭で多数の霊的著作を残した人物。フランスのカレーで生まれ、イエズス会入会後、フランスでイエズス会の活動が禁止されたのち、英国に渡り、イエズス会の復興を図った。（新カトⅡ、六二六頁、キリ人、四九七頁参照）。

（47）「ジェイムズ・ランゲ説」は情動の体験と表出に関する古典的学説で、末梢説とも呼ばれる。アメリカの心理学者W・ジェイムズとデンマークの生理学者C・C・ランゲがほぼ同時期（一八八五―六年）に別個に提唱した説の総称。ランゲの「悲しいから泣くのではなく、泣くから悲しいのである」という言葉にもあるように、情動を意識の側からではなく、神経興奮に続いて起こる身体的変化の側から説明した学説。

（48）Underhill, *The Man and the Supernatural,* p. 234. 第八章「人間の生における超自然なるもの――聖化」を参照。

（49）Jan Van Ruysbroeck, *The Book of the Twelve Béguines,* Trans. By John Francis, John M. Watkins: London, 1913, ChapterVII (p.67) を参照。本書の原文では明記されていないが中略箇所がある。

（50）原書では personality は大文字ではなく小文字表記となっているが、文脈から鑑みて「神の受肉」、すなわち全き人となったイエス・キリストの出来事を指し示しているため「人性」と訳出した。

（51）Elizabeth Fry (1780-1845) による言葉（Underhill, *The Mystics of the Church*, p. 231）参照。Underhill, *Mixed Pasture* 所収「キリスト教の社会改革」（原題 Christian Social Reform）参照（特に、八一頁に同箇所の引用あり）。それも含め、彼女の祈りと生活との関係性を論じたものとして、Annice Callahan, *Evelyn Underhill: Spirituality for Daily Living*, p. 140以下参照。

（52）この点に関しては、本書（本講演）の前年一九二五年七月にオックスフォード開催の「アングロ・カトリック・サマースクール」で読み上げられた論文「社会的行為のキリスト教的基礎」（原題 The Christian Basis of Social Action）が所収されているアンダーヒルの論文集 *Mixed Pasture*, p.98-99 に詳しく述べられている。

（53）アビラの聖テレサは、「神は台所の鍋の中にもおられる」と説いたという。出典不明だが神を日常生活のささやかさの中に感じることの大切さを伝える言葉として有名。

（54）デイビット・ブレイナード（David Brainerd, 1718-1747）は、アメリカ・コネチカット州出身の宣教師。ネイティブ・アメリカンへの宣教で著名。二七歳の若さで結核のため没す。著作に、『ブレイナードの日記――彼の祈祷とリバイバルの記録』オズワルド・J・スミス編、いのちのことば社、一九五四年、『ブレイナードの日記――現代へのメッセージ』、一九六六年。

（55）表象が意識に入ってはっきりとした知覚になったもの。またその働きを指す。

（56）フェヌロン（Fénelon, François de Salignac de la Mothe, 1651-1715）はフランスの宗教家、神秘家、神学者。アンダーヒルの霊的指導者であったフォン・ヒューゲルはしばしばフェヌロンを引用した。またアンダーヒルにもフェヌロンを読むよう勧めたが、彼女の方はその点だけはあまり従順ではなかったようだ。「『完全なる紳士』が『完全なる淑女たち』に霊的助言をするというのは、全く私には向いてない、と男爵に言ったら、その日を境にフェヌロンを勧められることはなくなった」と友人（Lucy Menzies）への書簡（一九二四年八月二八日付）に記されている（*Letters*, p. 324）。そうしたエピソードがありながらも、彼女自身がフェヌロンを勧めている点が興味深い箇所でもある。

（57）ボシュエ（Bossuet, Jacques Bénigne, 1627-1704）はフランスの聖職者、説教家、神学者。前述のフェヌロンとは対立し、ガリア主義の自由を守った。神学者としては、教父に関する学者であり、カトリック教理の擁護者。

（58）フランソア・ド・サル（Francois de Sales, 1576-1622）は聖人、司教、教会博士。霊的指導者、霊性神学者、フランスの司教。

（59）ヴァンサン・ド・ポール（Vincent de Paul, 1581-1660）は聖人、司祭。慈善事業、特に貧しい人びと、病人、孤児の救済に献身し、ヴィンセンシオの宣教会、ヴィンセンシオ・ア・パウロの愛徳姉妹会（日本管区あり）を創立した。

（60）『告白』、第一〇巻、第二八章「この世の生の悲惨」、三九、三六六頁。

訳者あとがき

聖なるものからの究極の試練は、
他の人びとと異なり自らが特別な者に思えることにあるのではない。
他の人びとが特別な、かけがえなき者となるために自らが用いられること、
すなわち、新たな生をもたらす親となることにある。(1)

イヴリン・アンダーヒル

本書は、Evelyn Underhill, *Concerning the Inner Life*, 1926 の全訳である。底本としては、一九九五年初版の Oneworld Publications の復刻版を用いた。

序文にもあるように、本書の内容は、一九二六年にイングランドのウォーター・ミロック(Water Millock)で行われた英国国教会リバプール教区の司祭による会議での講演原稿に加筆されたものである。その会議では他にも数名の著名な講演者がいたが、女性は彼女の

みだったという。アンダーヒル本人も「女性は私一人で居心地が悪かったが、最初は彼らの方がもっとぎこちなくて、私を見てあからさまにとても驚いていた」とその時の感想を友人に宛てた書簡に記している。(2) 実際のところ英国国教会では聖職者（当時は男性のみ）に向けて女性の平信徒が霊的生活について話すような前例はなかったようだ。そのことからも、本書はアンダーヒルの「先駆者的な働き」がうかがえる書だと言えるだろう。

しかし本書の価値はそれだけだろうか。本書を通して初めてアンダーヒルの名を目にした読者の方々にとっては、それ以前に「なぜそのような女性が講演を行うような立場にあったのか」が素朴な疑問となるかもしれない。実際に本書で彼女の語る言葉に触れていただければ、単なる知識以上の何か――彼女自身の「内なる生」から生み出された「感染力のある質」（本書二〇頁）が、自ずとそうした疑問への答えとなると思う。したがって訳者として本書に情報や解釈を補足するようなつもりは全くない。ただ本書を通してアンダーヒルという人物にさらに関心を持たれた方々に向けて、ほんの少しばかり当時の彼女の足取りを辿り、彼女の紹介とさせていただきたい。

イヴリン・アンダーヒル（一八七五―一九四一）は、キリスト教を中心とした霊性の英国人著述家として知られている。(3) 英国では二〇世紀初頭に神秘思想への関心が高まり、専門書も多く出版されたが、その中でも彼女が三十六歳の時に執筆した『神秘主義』（一九一一年）はそうした専門書とは異なる角度から神秘主義を扱った大著であり、今なお古典的な著作として参考文献等で挙げられている。『神秘主義』で著名になった彼女は、執筆以外に教会内外で講演活動を依頼されるようになり、一九二一年にはオックスフォード大学で女性として初めて宗教哲学の講義（通称「アップトン・レクチャー」）を行った。また、残されている当時の彼女の書簡からは、個人的に彼女に霊的助言を求める人びとがいかに多く、いかに真摯に彼女がそうした求めに応じていたかが伺える。そうした多忙な日々の中で、彼女自身は元からの性癖である自己批判と自らの召命との狭間で深刻な内的葛藤を抱えていたが、一九二一年から宗教哲学者のフリードリッヒ・フォン・ヒューゲル男爵の霊的指導を受け、やがて新たな転機を迎えるようになった。

ヒューゲルはローマ・カトリック教会の平信徒の神学者で、神秘思想に関しても著名な著作を残しているが、実生活では教派を超えて霊的指導を行っていた人物である。[4] 日本ではほとんど知られていないが、二〇世紀初頭の西欧キリスト教の思想状況を知る上でも重要な人物である。[5] また留学でロンドンを訪れた日本のカトリック司祭・思想家の岩下壮一もヒューゲルと会い、思想的に影響を受けたと言われている。[6] アンダーヒルにとってヒューゲルの指導は、その後の彼女の思想の哲学的支えとなっただけではない。むしろ、彼女が師の中に見出したのは、「聖性」、すなわち生活のあらゆる層を貫き「仲保者」「執り成す者」として生きる姿、それに倣う道だったという。

ヒューゲルの指導は一九二五年の彼の死をもって終わる。アンダーヒルは五〇歳を迎え、その頃を機に自らの働きの場が「キリスト教会」にあることを受け容れていったと言われている。講演のほかに、一九二四年から引き受けていた英国国教会の黙想会の指導（女性初）も年々回数が増えていった。ちょうどヒューゲルの死を境にして一九二六年から一九三一年までは彼女が最も多忙だった時期であり、その間の著作は講演や黙想会といった具体的な場、具体的他者に向けて語られた言葉が元となっているものがほとんどである。

本書は、そうした彼女の一連の「新たな創造的働き」の時期の皮切りの書であり、その反響は本人の想像を超えて大きかったようだ。まずウォーター・ミロックの会議に出席した聖職者にとっては、驚くような内容を含むものだったらしい。中でも特に皆が驚いた点は、本書の次の箇所だったという。(7)

私が思うのは、こうした密やかな祈りの時間によって、聖職者が典礼的な祈りを執り行う際にますます親密に神に向かうように鍛えられるべきだということです。説教や指導、小説や魅力的な特徴の紹介といったことよりも、皆さんが礼拝の最中に意識す

ることなく神へと没頭することの方が、(皆さんが期待する以上に)多くのことを会衆にもたらします。(四九頁)

彼女を目にして最初は驚きを隠せなかった聴衆も最後には打ち解け、彼女は翌年も同会議の講演者として招かれたという。また、書評は教派を超えて評価が高く、彼女は「ぞっとするくらいに敬虔な評論ばかり」と友人に漏らすほどだった。[8] 中でも「スペクテイター」誌(*the Spectator*)には「より教養あるクリスチャンはいるかもしれないが、人間の精神がその創造者と交わしうる高次の密やかな交わりを日常的な生活において表現する資格のある人はイギリスにおいて彼女以外にいないだろう。その深く根ざした常識、その悠々しい語法、この世の美への人間らしい認識を伴うアンダーヒル嬢のスタイルには何か伝染性がある。これらの講演は何度も再読に耐えるものだろう。というのも、それらは今日、この時代において、全くもって稀有な彼女の生の精華だからである」と評された。[9]

こうした書評を読み、アンダーヒルは「穴が入ったら入りたい気持ちにさせられるけど、そのかわりに髪の毛を切ろうと思うの」[10] と冗談まじりに友人への手紙で記している。実際にこの時期に彼女は白髪まじりの長い髪を切り、近しい別の友人の手による新しい服に身を包み、講演会などの公の場に赴いたという。いかにも敬虔で知的なイメージを彼女に期待する者は多くいたが、彼女がそうした期待を破ろうとし、自らの能力や知識も際立たせることはなかった。また彼女はもともと小柄でか細く、決して華美な人ではなかった。しかし、率直で思いやりのある彼女の姿勢に、人びとは普通ではない何かしらの強さを感じたという。(11)

ヒューゲルが死の直前病床に伏している頃、彼女に観想の指導を求めてきた女性の書簡に対してアンダーヒルは次のように答えている。

真の観想的な職業とは――それが世界の中であっても、世界から離れたものであっても――(中略)結局は、徐々に、そして決して激烈にではなく、ある霊的な力が発達していくことを伴い、その力によって人は「崇敬」のみならず、「仲保者としての本分」(mediatorship)を発揮します。そうした力は、他の魂に対して贖いと浄化の働きを為すような力であり、キリストの働きにささやかながら協働するのです。(12)

神への崇敬とひたむきさ、そこに与えられている神の愛の先行性、「聖霊」の働く媒介となるべく「愛と祈り」に鍛錬していくこと(本書四〇―四二頁)を教え、均整の取れた信仰へと彼女を導いたのはヒューゲルである。師の「不在」ゆえに、その教えが弟子たちのうちに密やかにたゆまなく息吹き、あまねく運ばれゆくことは、キリストに倣う者にとっては希望であり、身を投じるべき闘いであり、生きた現実である。人びとが感じた彼女の「強さ」とは、そうした「不在なる介在者」の運ぶ力を彼女自身が宿していたことの表れだったのではないだろうか。その問いは今なお本書にも通ずるように思われる。

最後に、本書と関わりのある他の二人の人物について、触れておきたい。

まず第一に、本書の献辞に挙げられているヒューゲルの姪、グウェンドレン・プランケット＝グリーン（以下、グウェン）である。グウェンはアンダーヒルとも親交があり、同じ英国国教会の信徒でもあった。彼女は音楽家と結婚したのち三人の子供を授かったが、のちに離婚し生活が困窮する中、子供の一人を自死で失い、彼女自身も晩年は病と絶望のうちに苦しみ世を去った。そういった経緯もあり、グウェンはヒューゲルから最も手厚い霊的指導を受けた人物である。(13) ヒューゲルが心を砕いて彼女に宛てた数々の書簡は一九二七年に書簡集として刊行されており、(14) アンダーヒルはグウェンから編集の相談を受け、その書簡の幾つかも手渡されていたようだ。その中で特に感銘を受けた次の書簡の一部を、アンダーヒルは信頼できる友人への手紙で記している。

ある時は教会の中で静かに崇敬に浸り、ある時は物憂さと嫌気に移ろい、ある時は与え与えられし情愛に歓喜し、ある時はまごうことなき徹底した孤独のうちに魂と心が苦しみに置かれ、ある時は見える宗教的な行いに勤しみ、ある時は死そのものをくぐり抜ける。これら全てが、誰もが為しうる、為すべき、為すであろう営みである。そしていつどこでも、いかなる義務、理由、良心、必要性があっても神がそこへと呼びかけられる――それはすべてあなたの魂にとって、愛、変容、成長、その至福直感の手段と道具となるであろう。しかしその出来事の内容、その程度、調和、継続する期間を選ぶのは神のためのみであり、ただ単純に、実に謙虚に、実に穏やかで安らかにそれらの導きに従うのは、あなたです。(15)

ヒューゲルの死をアンダーヒルは深く悼んでいたという。その彼女のさりげない献辞からは、グウェンに手向けられた弔いの心、そして師に倣う旅立ちの覚悟が伝わってくる気がしてならない。

第二の人物は、アンダーヒルと同時代に本書を訳された中山昌樹氏である。中山訳には『裏なる生活』という邦題が付され、一九二九年(昭和四年)に教文館から刊行されているが、残念ながら現在は絶版となっている。中山氏は牧師・神学者でもあるが、ダンテの『神曲』『新生』、ジョン・カルヴァンの『キリスト教綱要』を訳すなど、翻訳家として知られていたようだ。その中山氏の序文によれば、『裏なる生活』刊行の時点で、原書の *Concerning the Inner Life* は七版を重ねており、「小著ではあるが、暗示に富んでいて、現時の精神生活に対する一大警鐘たるを失わない」書として「確かに今後も長く読まれる」と紹介されている。[16] さらに当時の日本の現状についても次のように言及されている。

著者自身が反復して言っているように、現代の生活における中心的欠陥は、「内的」なるものに対する一般人心の無関心乃至無神経である。そして殊に嘆かわしいのは、この傾向が基督教界にも浸染しつつあることである。就中、牧会伝道の教職の任務にある人びとにおけるこの欠陥は寒心すべきことである。女史はこの点に眼を止めて、熱心に、内的生活の涵養の絶対的必要を本書のうちに絶叫しているのである。[17]

中山氏が危惧されるように、日本人として今を生きる私たちにとって生活の中心であるべき内的生活は枯渇しているのだろうか。自ら牧師であった中山氏の鋭気溢れる訳文を改訳するのは荷が重い作業ではあったが、その中に見えなくも放たれたこの問いに平信徒である訳者自身、何度も身が引き締まる思いにさせられた。ささやかながらその問いを再び世に放つ媒介とさせていただいたことにも感謝申し上げたい。最後になるが、本書の刊行を決断し、つたない翻訳作業を支えてくださった新教出版社の小林望氏に、改めて御礼申し上げる次第である。

二〇一六年　降誕日にて

訳　者

参考文献

（1）アンダーヒル著作

Mysticism : The Nature and Development of Spiritual Consciousness, New York: Dover Publications, Inc., [1911] 2002.（イーヴリン・アンダーヒル『神秘主義——超越的世界へ到る途』門脇由美子他訳、ナチュラルスピリット社、二〇一六年）

Mystic Way : A Psychological Study in Christian Origins, J. M. Dent & Sons, Ltd., 1913.

Practical Mysticism: a Little Book for Normal People, E. P. Dutton & Company, 1914.（イヴリン・アンダーヒル『実践する神秘主義』新教出版社、二〇一五年）

Life of the Spirit and the Life of To-day , Biblio Bazaar, LLC., [1922] 2020.

The Mystics of the Church, Eugene: Wipf and Stock Publishers, [1925] 2002.

Concerning the Inner Life, Oxford: One World Publications, [1926] 2000.（アンダヒル『衷なる生

活』中山昌樹訳、教文館、昭和4年）
Golden Sequence: A Fourfold Study of the Spiritual Life, Wipf and Stock Publishers, [1932] 2002.
Mixed Pasture: Twelve Essays and Addresses, Wipf and Stock Publishers [1932] 2015.
School of Charity: Meditation on the Christian Creed, Morehouse Publishing, [1934] 1991.
Worship, Eugene: Wipf and Stock Publishers, [1936] 1989.
Abba : Meditations Based on the Lord's Prayer , London: Longmans, Green & Co., 1940.

（2）アンダーヒル関連書（書簡集・手記等含む）

N. Arseniev, *Mysticism and the Eastern Church*, E. Underhill (trans.), Friedrich Heiler (Preface), St.Vladimier's Seminary Press, 1979.
A. Callahan, *Evelyn Underhill: Spirituality for Daily Living*, Lanham: University Press of America, 1997.
Dana Green, *Evelyn Underhill: Artist of the Infinite Life*, London: Darton, Longman, Todd Ltd., 1991.
———, ed., *Evelyn Underhill: Modern Guide to the Ancient Quest for the Holy*, Albany: State University of New York Press, 1989.
———, ed. & intro., *Fragments from an Inner Life : The Notebooks of Evelyn Underhill*, A.M.

Allchin (foreword), Wipf & Stock Publishers, 1993.
Carol Postol, ed., *The Making of a Mystic: New and Selected Letters of Evelyn Underhill*, University of Illinois Press, 2010.
A. M. Ramsy & A. M. Allchin, *Evelyn Underhill: Anglican Mystic. Including Eight Letters of Evelyn Underhill*, Oxford: Will Print, 1996.
C. Williams, ed. & intro., *The Letters of Evelyn Underhill*, Christian Classics, Westminster, MD, 1943.

注

（1） *School of Charity*. P.32.

（2） Margaret Cropper, *The Life of Evelyn Underhill*: *An Intimate Portrait of the Groundbreaking Author of Mysticism*, First SkyLight Paths Pub. ed.: Woodsock(VT), p.144.

（3） すでに刊行されているアンダーヒルの主著の邦訳『神秘主義——超越へと到る途』（新改訳版、二〇一六年）の「訳者解説」及び、『実践する神秘主義』（新教出版社、二〇一五年）の「訳者あとがき」を参照していただきたい。また、彼女の著作に関しては、東方キリスト教の伝統に触れるという文脈ではあるが、拙稿「フィロカリアを読む—

—アンダーヒルの霊性を通して」(『善美なる神への愛の諸相——フィロカリア論考集』、二〇一六年) において初期から晩年に至るまでの主な著作を列挙し、さらに彼女の召命に関する内的葛藤にも触れているので参考にしていただきたい。

(4) ヒューゲルのアンダーヒルへの哲学的影響と霊的指導の内実については前掲論文を参照。簡略だが岩下壮一にも触れている。

(5) ゴードン・マーセル監修『キリスト教のスピリチュアリティ——その二千年の歴史』青山学院大学総合研究所訳、新教出版社、二〇〇六年 (特に、二三三頁、二三七頁) 参照。アンダーヒルの箇所も参照。

(6) 岩下壮一『信仰の遺産』岩波文庫、二〇一五年、(注解、四七一頁) 参照。

(7) *Ibid.*, p.145.

(8) *Ibid.*, p.146.

(9) *Ibid.*, p.147. のちに彼女は九年間にわたり同誌の宗教担当者になった。

(10) *Ibid.*

(11) Green, *Evelyn Underhill: Artist of the Infinite Life*, p. 100.

(12) *The Letters*, p.323.

(13) ヒューゲル自身がグウェンにそのように認めている。彼の霊的指導については以下の論文を参照していただきたい。彼の指導の三つの構成要素及び、その実際の指導内容（アンダーヒルも含め）が記されており、また指導が実らなかった例にも触れられている。Robyn Wingly-Carr, The Baron, his niece and friends: Friedrich von Hügel as a Spiritual Director, 1915-1925, P.3. (https://research-repository.st-andrews.ac.uk/handle/10023/3588)

（14）*Letters from Baron von Hügel to a Niece*. Edited by Gwendolen Green, J. M. Dent & Sons: London, 1927.

（15）Cropper, p.141-2.

（16）『内なる生活』中山昌樹訳、教文館、一九二九年、一頁。

（17）前掲書、一—二頁。

著　者
イヴリン・アンダーヒル（Evelyn Underhill, 1875-1941）
英国の著述家・小説家・詩人。主著『神秘主義』（1911 年）を始め、神秘思想・霊性に関する著作を数多く執筆。神秘家による著作の編集作業にも尽力し、英国国教会においては黙想会の指導者としても活躍した。彼女の著作は、一般の人びとにも届く言葉で、キリスト教を中心とした既存宗教の伝統を再解釈・再評価したことに定評があり、今なお読み継がれている。

訳　者
金子麻里（かねこ・まり）
1968 年生まれ。幼稚園から高校まで、立教女学院で学ぶ。1990 年、国際基督教大学卒業（国際法専攻）。2010 年、ルーテル学院大学卒業（神学学士）。東方キリスト教学会、日本カトリック神学会会員。日本聖公会聖マーガレット教会所属。

内なる生

2017 年 3 月 1 日　第 1 版第 1 刷発行

著　者……イヴリン・アンダーヒル
訳　者……金子麻里

発行者……小林　望
発行所……株式会社新教出版社
〒 162-0814 東京都新宿区新小川町 9-1
電話（代表）03 (3260) 6148
振替 00180-1-9991
印刷・製本……モリモト印刷株式会社

ISBN 978-4-400-31081-5　C1016

アンダーヒル
金子麻里訳

実践する神秘主義
普通の人たちに贈る小さな本

神秘主義を「技法」と定義し、誰もが近づきうる真実な生き方への扉だとする立場から、平易な言葉でキリスト教信仰の霊性を再解釈した名著。
四六判　２１００円

ツィンク
宍戸達訳

いばらに薔薇が咲き満ちる
神秘主義とキリスト教の将来

教会の長い伝統の中で忘却されてきた神秘主義の系譜を辿りなおし、隘路に陥った現代のキリスト教に対してその回復を静かに訴える。
四六判　４０００円

長谷川正昭

瞑想とキリスト教
牧師が試みた禅・タオ・密教の世界

信仰の新しい形の模索を、聖公会司祭が自分史と重ねユーモラスに語るユニークな瞑想論。からだごと神にゆだねる「全託の信仰」への招き。
四六判　１９００円

ア・ケンピス
池谷敏雄訳

キリストにならいて
改訂版

「キリストの模倣」を説く教会史上最高かつ不朽の古典。そのキリスト服従の聖書的で深い敬虔は、今日もなお尽きぬ命と力を与え続ける。
Ｂ６判　２０００円

マーセル監修
青山学院大学総合研究所訳

キリスト教のスピリチュアリティ
その二千年の歴史

「霊性史」という視点から、信仰者の人物像に焦点を当てて叙述した画期的なキリスト教史。古今東西のキリスト教の多様な活力が生き生きと伝わる。
Ｂ５判　７０００円

ボンヘッファー
森野善右衛門訳

共に生きる生活
ハンディ版

キリスト者の共同生活のあり方を尋ね求める人に尽きない示唆と励ましを与え続けている名著。04年の改訳新版をさらに改訂して読みやすくなった。小Ｂ６　１６００円